핵심 뉴스로 키우는 초등 문해력!

나나샘(김노엘) 글
무르무르 그림

다락원

머리말

"선생님, 너무 재미있어요! 다음 신문은 언제 보나요?"

"선생님, 우리 아이가 신문 읽기가 제일 재미있다고 해요."

작년 한 해, 신문 스터디를 진행하면서

실제로 제가 만난 많은 아이들과 부모님들께서 해 주신 말입니다.

사실 저는 '아이들이 신문 읽기를 거부하지 않으면 다행'이라고 생각하고 시작했어요.

그런데 이렇게 뜨거운 반응을 보니 정말 놀라지 않을 수 없었죠.

아이들은 기사를 읽으며 눈을 반짝였고, 새로운 사실에 호기심을 품었습니다.

그 호기심은 꼬리를 물며 더 깊고 넓은 배경지식으로 이어졌고,

마침내 자신의 생각을 글로 정리하는 글쓰기까지 자연스럽게 연결되었어요.

무엇보다 놀라운 건, 그날 읽은 기사가 저녁 식탁의 대화 주제가 되었다는 거예요.

신문 한 편이 가족의 이야기꽃을 피우게 만든 거죠.

이렇게 꼬리에 꼬리를 무는 확장, 이것이 바로 신문이 가진 힘입니다.

지금 이 시대, 우리 주변에서 실제로 일어나는 경제, 사회, 과학, 세계, 환경의 이야기들이

결국 아이 자신과 연결되기 때문에, 아이들은 정말 재미있어해요.

아이들에게는 뭐니 뭐니 해도 '재미'가 최고예요.

공부처럼 느껴지던 어휘 학습도, 배경지식을 위한 비문학 독해도,

어렵게만 보이던 글쓰기도

신문과 만나면 신기하게도 술술이 꿰어집니다.

아이들이 작다고 해서, 아이들의 세상까지 작은 건 아니에요.

보여 주는 만큼, 아는 만큼 세상은 더 넓게 보입니다.

신문을 통해 '똑똑!' 하고 더 큰 세상의 문을 두드려 봐요.

이 책은 어휘력, 배경지식, 독해력, 글쓰기까지

아이의 문해력을 자연스럽게 성장시켜 주는 신문이자,

아이에게 더 큰 세상을 선물하는 책이 될 거예요.

즐거운 신문 읽기, 지금 시작해 보세요.

나나샘(김노엘)

이 책의 구성과 활용 방법

주제별 신문 읽기 초등학생들의 눈높이에 맞춘 경제, 사회, 과학, 세계, 환경 분야의 기사를 엄선했어요! 다양하고 흥미로운 기사가 와르르!

QR을 통해 다양한 영상과 생생한 자료들을 볼 수 있어요!

각 문단마다 어린이들의 관심을 이끄는 핵심 문장을 제시하여 신문을 더 재미있게 읽을 수 있도록 했어요!

TIP! 이렇게 활용해 주세요!

1단계	**예측하기**	제목과 사진, 배경지식을 읽고 '어떤 내용일까?' 함께 추측해 보세요.
2단계	**기사 읽기**	• 저학년이라면 소리 내어 읽게 해 주세요. 소리 내어 읽으면 또박또박 읽는 연습도 되고, 내용 이해가 쏙쏙 더 잘된답니다! • 고학년이라면 중요한 단어나 문장에 밑줄 그으며 읽게 해 주세요. 핵심 파악 능력이 성장해요!
3단계	**추가 학습**	QR코드로 영상을 보며 더 많은 사실을 알 수 있어요!
4단계	**느낌 말하기**	기사에 대한 내 느낌을 가볍게 체크해 봐요!

신문 정확하게 이해하기

OX 퀴즈, 한 줄 요약, 핵심 어휘 학습, 어휘 연습 등 4가지 방법을 통해 독해 자신감, 요약 실력, 어휘력이 자라나요.

> 한자의 뜻을 알려 주어 단어의 뜻을 더욱 쉽게 알 수 있어요!

TIP! 이렇게 활용해 주세요!

이해도 점검   OX 퀴즈로 가볍게 신문 내용을 확인하며 아이에게 성취감을 느낄 수 있게 해요.

요약 연습   빈칸 채우기로 기사의 핵심을 한 문장으로 정리해요. 완성된 문장을 읽어 보면 핵심 파악이 더 쉬워져요.

어휘 학습   엄선한 3개 어휘로 부담 없이 어휘를 공부해요! 활용 문장에 빈칸을 채우면서 해당 어휘의 정확한 쓰임을 알 수 있죠!

신문 확장하기 '지식 톡톡'과 '생활 쏙쏙', '창의 팡팡' 코너를 통해 배경지식과 상식을 쌓고 신문 내용을 내 생활에서 찾아보며 생각을 확장해 봐요. 호기심이 늘어나고 세상을 보는 시야가 넓어져요!

재미있는 활동을 직접 해 보면서 신문 내용이 실생활과 가까이 있다는 사실을 느낄 수 있어요.

> **TIP!** 이렇게 활용해 주세요!

배경지식 확장 '지식 톡톡'으로 기사와 관련된 흥미로운 정보들을 함께 읽어 보세요. 더 많은 사실을 알게 되면 신문 읽기가 훨씬 재미있어지고, 배경지식도 쑥쑥 늘어나죠.

실생활 연결 '생활 쏙쏙', '창의 팡팡'으로 뉴스가 나 자신, 우리 가족의 생활과 어떻게 연결되는지를 느낄 수 있어요. 또 이 활동을 통해 기사의 내용이 아이의 일상과 훨씬 가깝게 느껴진답니다.

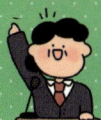

내 생각 똑똑하게 표현하기

'논술 똑똑' 코너에서는 3단계 초 간단 논술 쓰기 훈련을 통해 내 의견을 똑똑하게 제시할 수 있어요. '글쓰기 반짝' 코너에서는 오레오 글쓰기, 편지 쓰기, 일기 쓰기 등 다양한 글쓰기 활동을 할 수 있어요. 예문이 함께 제시되어 있어 글쓰기가 훨씬 쉬워요!

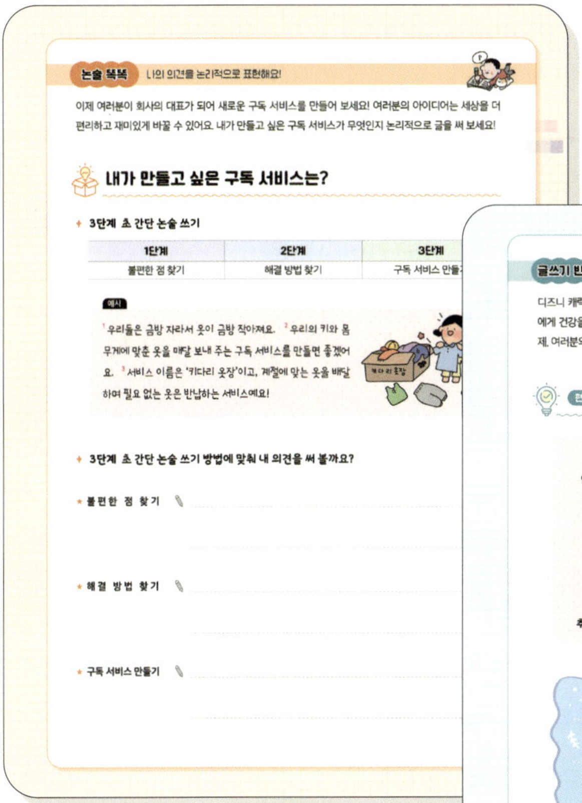

논술 똑똑 나의 의견을 논리적으로 표현해요!

이제 여러분이 회사의 대표가 되어 새로운 구독 서비스를 만들어 보세요! 여러분의 아이디어는 세상을 더 편리하고 재미있게 바꿀 수 있어요. 내가 만들고 싶은 구독 서비스가 무엇인지 논리적으로 글을 써 보세요!

내가 만들고 싶은 구독 서비스는?

3단계 초 간단 논술 쓰기

1단계	2단계	3단계
불편한 점 찾기	해결 방법 찾기	구독 서비스 만들

예시

[1] 우리들은 금방 자라서 옷이 금방 작아져요. [2] 우리의 키와 몸무게에 맞춘 옷을 매달 보내 주는 구독 서비스를 만들면 좋겠어요. [3] 서비스 이름은 '키다리 옷장'이고, 계절에 맞는 옷을 배달하며 필요 없는 옷은 반납하는 서비스예요!

3단계 초 간단 논술 쓰기 방법에 맞춰 내 의견을 써 볼까요?

불편한 점 찾기

해결 방법 찾기

구독 서비스 만들기

다양한 예시 문장이 함께 제시되어 있어 글쓰기가 훨씬 쉬워요!

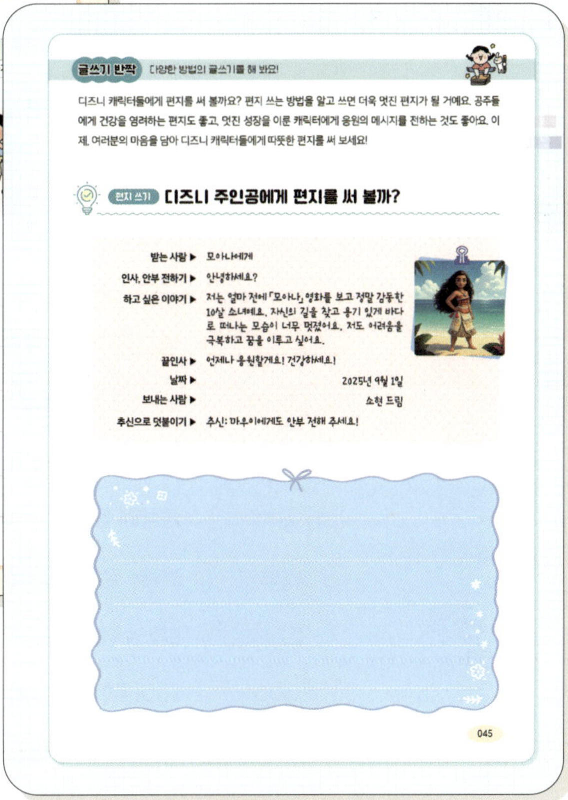

글쓰기 반짝 다양한 방법의 글쓰기를 해 봐요!

디즈니 캐릭터들에게 편지를 써 볼까요? 편지 쓰는 방법을 알고 쓰면 더욱 멋진 편지가 될 거예요. 공주들에게 건강을 염려하는 편지도 좋고, 멋진 성장을 이룬 캐릭터에게 응원의 메시지를 전하는 것도 좋아요. 이제, 여러분의 마음을 담아 디즈니 캐릭터들에게 따뜻한 편지를 써 보세요!

편지 쓰기 디즈니 주인공에게 편지를 써 볼까?

받는 사람 ▶ 모아나에게

인사, 안부 전하기 ▶ 안녕하세요?

하고 싶은 이야기 ▶ 저는 얼마 전에 「모아나」 영화를 보고 정말 감동한 10살 소녀예요. 자신의 길을 찾고 용기 있게 바다로 떠나는 모습이 너무 멋졌어요. 저도 어려움을 극복하고 꿈을 이루고 싶어요.

끝인사 ▶ 언제나 응원할게요! 건강하세요!

날짜 ▶ 2025년 9월 1일

보내는 사람 ▶ 소현 드림

추신으로 덧붙이기 ▶ 추신: 마우이에게도 안부 전해 주세요!

045

TIP! 이렇게 활용해 주세요!

1단계 예시 먼저 읽기 글쓰기가 막막할 때는 먼저 예시 문장을 읽어 보세요. 글쓰기가 훨씬 쉬워져요.

2단계 생각 정리 시간 바로 쓰지 말고 잠깐 생각할 시간을 가져 보세요. 생각이 정리되면 글도 술술 나와요!

3단계 자유롭게 표현 글쓰기에 정답은 없어요! 자신의 생각을 자유롭게 표현해도 괜찮아요!

차례

경제

카드와 현금	용돈 받으세요! 카드 vs 현금, 당신의 선택은?	014
건강 기능 식품	3,000원짜리 건강 기능 식품 어때요?	018
구독 경제	매달 새로운 장난감이 우리 집으로 온다면?	022
펭귄 효과	뒤뚱뒤뚱 첫 번째 펭귄을 따라가자!	026
금 시세	금값이 왜 이렇게 금값이죠?	030
요노	욜로(YOLO)가 가고 요노(YONO)가 온다!	034
기후플레이션	비가 안 오면 과잣값이 오른다고요?!	038

사회

디즈니 공주	백설 공주는 우울증에 걸리고, 라푼젤은 대머리가 된다고요?	042
님비 현상	소각장! 우리 동네는 절대 안 돼요!	046
감동 실화	파출소에 나타난 미스터리 치킨의 정체는?	050
버추얼 아이돌	세상에 없지만…. 사실은 있다?! 버추얼 아이돌!	054
설렘과 뇌	빵빵~ 생쥐 기사님이 출발합니다!	058
주 4일제	월화수목일일일, 주 4일 출근제 시행!	062
10대의 SNS	10대들이여, 그대들은 SNS로부터 안전할 권리가 있다!	066
캐릭터 열풍	티니핑부터 슬램덩크까지! 대한민국은 지금 캐릭터 열풍!	070
노벨 문학상	책과 함께 자란 소녀, 한국인 최초로 노벨 문학상을 받다!	074
불량 식품	이렇게 맛있는 걸 왜 자꾸 불량하다고 해요?	078
대통령 파면	헌법재판관 8대0 만장일치로 대통령 파면 결정	082

과학

매운맛	코 찡! 혀가 얼얼! 그래도 멈출 수 없는 이 맛!	086
자율 주행차	택시에서 보드게임할까, 영화 볼까?	090
휴머노이드 로봇	저기요? 사람이신가요, 로봇인가요?	094
AI 복원	흑백 사진 속 독립운동가가 살아났다?!	098
도파민룩	기분을 '업' 시키고 싶다면 옷 색깔을 바꾸세요!	102
달 탐사선 다누리	아낌없이 주는 우리나라 첫 달 탐사선 '다누리'!	106
자기장	춤추는 거북은 내비게이션이 필요 없대요.	110

세계

자국 우선주의	트럼프! 미국을 다시 위대하게!	114
띠 문화	아시나요? 베트남엔 고양이띠, 일본엔 멧돼지띠가 있어요!	118
러·우 전쟁	길고도 힘든 러·우 전쟁, 언제 그 끝이 올까요?	122
애기봉 스타벅스	'북한 뷰 맛집' 애기봉 스타벅스 문을 열다!	126
행복의 조건	세계에서 가장 행복한 나라는?	130
잠정 조치 수역	중국, 자꾸 애매한 전략 쓸 거예요?	134
아프리카	이제 젊은 아프리카에 주목해 주세요!	138
호불호 음식	전 세계를 뒤집어 놓은 맛있는 전쟁!	142

환경

폐지폐	돈을 갈아서 이것까지 만든다고?!	✦ 146
기후 채찍질	불바다 가고 나니 물바다! 채찍처럼 왔다 갔다 하는 날씨!	✦ 150
탄소 발자국	틱톡을 보면 발자국이 생긴다?!	✦ 154
에코 우체통	40년 만에 '에코 우체통'으로 변신했지요!	✦ 158
쓰레기 섬	지도에도 없는 섬이 있다?!	✦ 162
대기 오염	단 1%의 사람만 깨끗한 공기를 마신다고요?	✦ 166
비버	비버는 생태계의 영웅일까, 악당일까?	✦ 170
해수면 상승	바닷물에 잠기지 않으려고 축구팀을 만들었죠.	✦ 174
지구 온난화	제 방귀가 문제라고요?	✦ 178

정답 ✦ 182

논술 똑똑 & 글쓰기 반짝 어린이 글쓰기 모음 ✦ 184

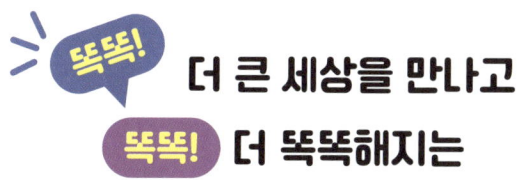

신문 읽기 비법!

첫째! 요일을 정해 꾸준히 신문을 읽어요.

둘째! 모르는 말은 사전에서 찾아봐요.

셋째! 더 궁금하면 부모님과 함께 뉴스를 찾아봐요!

넷째! 기사를 읽고 부모님께 내 생각을 말해 보며 똑똑함을 자랑해요!

이 네 가지를 꼭 지킬 수 있는 사람은

바로 나, ✎ _____ !

똑똑! 초등신문 완독표

경제

카드와 현금 014쪽	건강 기능 식품 018쪽	구독 경제 022쪽
 ___월 ___일	 ___월 ___일	 ___월 ___일

사회

디즈니 공주 042쪽	님비 현상 046쪽	감동 실화 050쪽
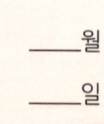 ___월 ___일	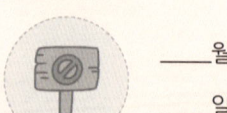 ___월 ___일	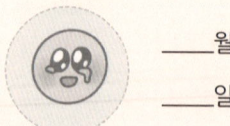 ___월 ___일

캐릭터 열풍 070쪽	노벨 문학상 074쪽	불량 식품 078쪽	대통령 파면 082쪽
 ___월 ___일	 ___월 ___일	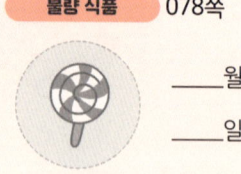 ___월 ___일	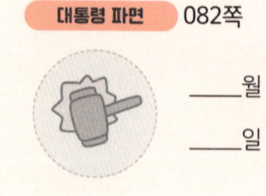 ___월 ___일

AI 복원 098쪽	도파민록 102쪽	달 탐사선 다누리 106쪽	자기장 110쪽
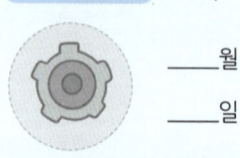 ___월 ___일	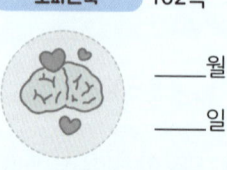 ___월 ___일	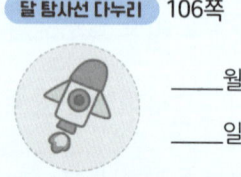 ___월 ___일	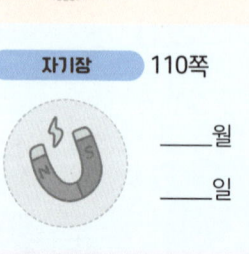 ___월 ___일

애기봉 스타벅스 126쪽	행복의 조건 130쪽	잠정 조치 수역 134쪽	아프리카 138쪽
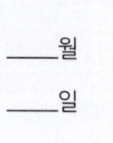 ___월 ___일	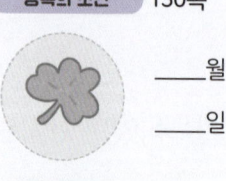 ___월 ___일	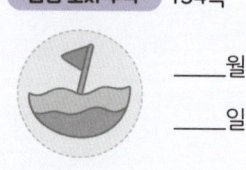 ___월 ___일	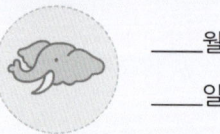 ___월 ___일

탄소 발자국 154쪽	에코 우체통 158쪽	쓰레기 섬 162쪽	대기 오염 166쪽
 ___월 ___일	 ___월 ___일	 ___월 ___일	 ___월 ___일

세상 곳곳의 흥미로운 기사들이 여러분을 기다리고 있어요. 이 책에는 총 42개의 신문이 들어 있어요. 읽고 싶은 키워드(주제)의 신문을 골라 보세요! 신문을 다 읽었다면 읽은 날짜를 쓰고, 스스로를 칭찬하며 스티커도 붙여 보세요! 어느새 신문 보는 습관과 함께 신문을 재미있어하는 나를 발견할 거예요!

◆ 경제 ◆

용돈 받으세요!
카드 vs 현금, 당신의 선택은?

"용돈 받는 날을 손꼽아 기다렸어! 난 카드로 받는 게 더 나은 듯! 넌?"

📖 **읽기 전, 배경지식 쏙쏙!**

카드
물건을 살 때 현금 대신 사용하는 네모난 플라스틱이에요. 은행 계좌에 있는 돈을 사용하는 체크 카드와 먼저 쓰고 나중에 갚는 신용 카드 등이 있어요.

최근 카드 회사들이 청소년 전용 카드를 앞다투어 출시하고 있어요.

엄마, 아빠! 이제 용돈은 카드로 주세요!

한 설문 조사에 따르면 부모님들이 아이들에게 용돈을 줄 때 체크 카드, 신용 카드 등 카드를 사용하는 비율이 무려 68%에 달한대요. 부모님 명의의 카드 사용까지 합치면 80%가 넘는다고 해요.

이렇게 편한데 안 쓸 이유가 있나요?

요즘 현금 대신 카드만 받는 상점이 늘어나고, 무인 계산대도 많아져서 현금보다 카드 사용이 편리해졌어요. 그래서 청소년들도 자연스럽게 카드를 자주 사용하게 된대요. 현금을 들고 다닐 필요 없이 카드 한 장만 있으면 쇼핑부터 교통비 결제까지 간편하게 해결할 수 있으니까요. 부모님 입장에서도 잔돈도 필요 없고, 자녀가 용돈을 어디에 썼는지도 쉽게 알 수 있어 편리하지요.

눈 깜짝할 사이, 용돈이 사라질지도 몰라요!

하지만 청소년 신용 카드 사용에 대한 부작용도 우려되고 있어요. 현금을 직접 주고받으면 돈의 가치와 남은 금액을 더 잘 느낄 수 있지만, 카드는 돈이 눈에 보이지 않아 돈을 사용한다는 실감이 덜 나요. 그 때문에 청소년들이 무심코 과소비를 할 수 있어요. 예를 들어, 자주 간식을 사 먹으면서 남은 금액을 신경 쓰지 않다 보면 어느새 용돈이 바닥나기도 한답니다.

☑ 기사를 읽고 나의 느낌은? 😮 흥미로워요 🙂 새로워요 😊 공감해요 😢 슬퍼요 😠 화나요

내용 콕콕 내용 콕콕 잘 이해했는지, 신문의 중요한 내용을 콕콕 짚어 봐요!

✦ 신문의 내용과 맞으면 O 틀리면 X 하세요.

1. 청소년 전용 카드를 출시하는 카드 회사들이 많아지고 있어요. (   )
2. 카드가 현금보다 돈을 사용한다는 실감이 더 잘 느껴져요. (   )
3. 카드 한 장만 있으면 쇼핑, 교통비 결제까지 가능해요. (   )

✦ 빈칸에 아래 단어를 넣어 문장을 완성하세요.

| 청소년 | 과소비 | 전용 | 편리 |

카드 회사들이 _____ _____ 카드를 앞다투어 출시하고 있어요. 카드는 _____하지만, 무심코 사용하다 보면 _____를 할 수도 있어요.

어휘 쑥쑥 어휘를 알면 글이 더 쉬워져요!

✦ 어휘 풀이

명의	이름 명名 옳을 의義
	카드, 통장, 계약서 등에서 법적으로 인정되는 주인의 이름
무인 계산대	없을 무無 사람 인人 셀 계計 셈 산算 대 대臺
	사람 없이 스스로 계산할 수 있는 기계
과소비	지날 과過 사라질 소消 쓸 비費
	필요한 것 이상으로 돈을 많이 쓰는 것

✦ 어휘 연습!

∗ 간식을 너무 많이 사 먹었더니 용돈이 금방 바닥났어. 나 _____했나 봐.

∗ 마트에서 _____로 혼자 계산해 봤는데 너무 뿌듯했어!

∗ 이 통장은 엄마 _____라서, 돈을 넣고 빼는 건 엄마만 할 수 있어.

지식 톡톡   알면 알수록 재미있어요!

IC칩

마그네틱

카드는 "돈 나와라. 뚝딱!" 하면 돈이 나오는 도깨비방망이가 아니에요!
카드는 마치 도깨비방망이처럼 보일 수 있어요. 작고 가벼운 플라스틱 카드 한 장만 있으면 돈을 꺼내지 않고도 쇼핑을 할 수 있으니까요!

돈이 들어 있는 건 은행 계좌예요!
카드에는 진짜 돈이 들어 있는 게 아니라, 그저 은행 계좌를 연결해 주는 열쇠 같은 도구일 뿐이에요. 카드 안에는 IC칩, 마그네틱(자석) 띠 등이 들어 있어요. 결제할 때 카드 단말기에 카드를 긁거나 꽂으면, IC칩과 마그네틱 띠를 통해 은행과 연결된 시스템이 그 정보를 읽어 돈을 보내 주는 거예요. 그러니 아무리 카드를 많이 쓰고 싶어도, 은행 계좌에 돈이 없으면 더는 쓸 수 없겠죠!

생활 쏙쏙   생활 속에서 신문의 내용을 쏙쏙 찾아봐요!

오늘 용돈은 어떤 결제 방법으로 사용했나요? 아래 예시를 참고하여 현금을 썼는지 카드를 썼는지 구체적으로 적어 보고 소비 후 느낌도 써 보세요.

예시

날짜	물건	금액(원)	결제 방법	소비 후 느낌
10/22	아이스크림	1,500원	카드	무인계산대라 카드를 사용하니 편리했다.
10/23	지우개	700원	현금	잔돈을 받으니까 왠지 돈이 더 생긴 것 같아 기분이 좋아졌다.
10/23	캐릭터 키링	4,500원	카드	용돈이 거의 바닥나서 다음 용돈까지 아껴야겠다.

날짜	물건	금액(원)	결제 방법	소비 후 느낌

글쓰기 반짝 — 다양한 방법의 글쓰기를 해 봐요!

자신이 원하는 방법으로 용돈을 받으려면 부모님을 설득할 수 있어야 해요! O-R-E-O(오레오) 글쓰기 방법을 사용하면, 내 생각을 논리적으로 정리할 수 있답니다. 자신의 의견(Opinion)을 말하고, 그에 대한 이유(Reason)와 예시(Example)를 덧붙인 후, 마지막에 다시 한번 내 생각(Opinion)을 강조·정리하며 글을 써 보세요!

오레오 글쓰기 — 카드가 최고야! vs 역시 현금이지!

예시

- **O 의견 주장:** 저는 용돈을 카드로 받는 게 좋다고 생각해요.
- **R 이유:** 왜냐하면 들고 다니기 편하고, 잔돈이 안 생기기 때문이에요.
- **E 예시:** 예를 들어, 예전엔 잔돈 때문에 지갑이 무거웠는데, 지금은 카드 하나면 끝나요.
- **O 의견 강조:** 그래서 저는 현금보다 카드로 용돈을 받는 게 더 좋아요!

경제

3,000원짜리
건강 기능 식품 어때요?

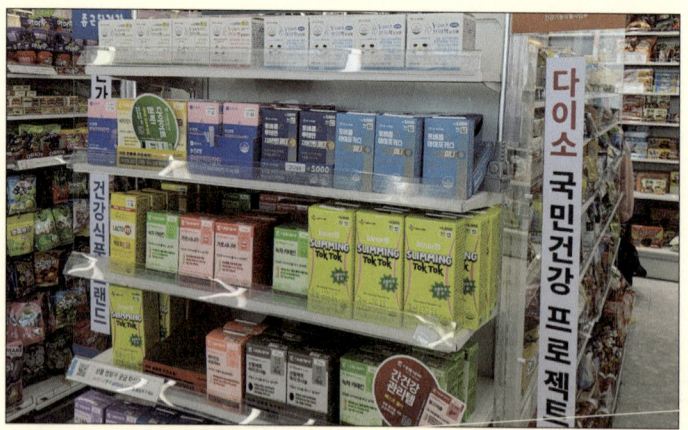

> 📖 **읽기 전, 배경지식 쏙쏙!**
>
> **건강 기능 식품**
> 우리 몸에 도움이 되는 성분을 넣어 만든 건강을 챙기는 데 도움이 되는 식품이에요. 대표적으로 비타민이나 유산균 등이 있어요. 질병을 치료하고 예방을 하는 '약'과는 달라요.

필요한 건 여기에 다 있소!

초저가 생활용품 판매점 '다이소', 친구들도 한 번쯤 가본 적 있지요? 1,000원, 2,000원 정도의 저렴한 가격으로 생활용품, 문구, 장난감, 화장품까지 다양한 상품을 판매해요. 그런데 이제는 비타민이나 루테인 같은 건기식(건강 기능 식품)까지 팔기 시작했어요!

이렇게 싸다고요?

최근 다이소는 전국 200개 매장에서 35종의 건기식을 판매하고 있어요. 가격은 약국의 1/10 수준으로 3,000원~5,000원이에요. 소비자들은 다소 비쌌던 건기식을 이제 부담 없이 살 수 있다며 반기는 분위기예요. 하지만 약사들은 난색을 보이고 있어요. 왜일까요?

단순히 가격만 보면 안 되죠!

약사들은 오직 '가격'만 비교하다 보면, 마치 약국이 비싸게 파는 것처럼 느껴질 수 있다고 말해요. 오히려 성분, 함유량, 원산지 등을 꼼꼼히 살펴봐야 한다고 강조하지요. 또, 전문가의 상담 없이 싼 가격만 보고 무분별하게 구입하면 오남용 위험도 있다고 걱정해요.

하지만 소비자들은 생각보다 똑똑하답니다

소비자들은 무턱대고 다이소의 건기식을 구매하지 않아요. 이미 온라인상에서는 가격이 다른 두 제품의 성분과 함량 등을 비교 분석하여 공유하고 합리적으로 구매 결정을 내리고 있어요. 건기식은 열 집 중 여덟 집이 1년에 1번 이상 구매할 정도로 시장 규모가 나날이 커지고 있어요. 이에 다이소에 이어 편의점에서도 합리적인 가격에 건기식을 선보이겠다고 계획하고 있어요.

☑ 기사를 읽고 나의 느낌은? 흥미로워요 새로워요 공감해요 슬퍼요 화나요

내용 콕콕 내용 콕콕 잘 이해했는지, 신문의 중요한 내용을 콕콕 짚어 봐요!

✦ 신문의 내용과 맞으면 O 틀리면 X 하세요.

1. 다이소는 생활용품, 문구, 장난감, 화장품에 이어 건강 기능 식품까지 팔기 시작했어요. (   )

2. 약사들은 다이소의 저렴한 건강 기능 식품 판매를 환영하는 분위기예요. (   )

3. 소비자들은 건강 기능 식품을 비교 분석하며 합리적으로 구매하고 있어요. (   )

✦ 빈칸에 아래 단어를 넣어 문장을 완성하세요.

다이소	소비자	건강 기능 식품	약사

_____가 저렴한 가격의 _____ 판매를 시작하자 _____들은 반기는 반면, _____들은 품질과 오남용을 우려하며 논란이 일고 있어요.

어휘 쑥쑥 어휘를 알면 글이 더 쉬워져요!

✦ 어휘 풀이

소비자	사라질 소消 쓸 비費 사람 자者	
	물건이나 서비스를 사서 쓰는 사람	
난색	어려울 난難 빛 색色	
	어렵거나 꺼려 얼굴에 드러나는 빛이나 표정	
오남용	그르칠 오誤 넘칠 남濫 쓸 용用	
	그릇되게 사용하거나 필요 이상으로 많이 사용하는 것	

✦ 어휘 연습!

* 주사를 맞아야 한다는 말에 수지는 _____을 지었어요.

* _____의 의견을 듣기 위해 회사에서 설문 조사를 실시했어요.

* 감기약은 많이 먹는다고 더 잘 낫는 게 아니에요. _____하면 더 위험해요.

지식 톡톡 알면 알수록 재미있어요!

다이소 급성장의 비밀

다이소는 국내에 1,500여 개나 되는 매장을 가진 큰 회사예요. 다이소가 이렇게 인기 있는 비결을 알아볼까요?

1. **비싸 봐야 5,000원!** 모든 제품은 균일가로 500원, 1,000원, 1,500원, 2,000원, 3,000원, 5,000원 등 여섯 가지 가격으로 구성되어 있어요.
2. **매일 새롭게 20개의 신상품이 들어와요!** 한 달에 600여 개의 새로운 상품이 들어오는 거예요. 바로 고객들의 재방문을 늘리기 위해 '어제는 없었던' 새로운 제품을 매일 공급하는 거지요.
3. **빠르고 쉬운 쇼핑 환경** 상품 위치를 신속하고 정확하게 알려 주기 위해 주부 점원들이 많이 일하고 있어요. 이들은 다이소 물건을 가장 잘 알고 설명도 잘해 준답니다.

생활 쏙쏙 나의 생활과 연결해요!

나는 어떤 소비자일까요? 아래 비타민 중 나는 어떤 것을 고를지 생각해 보고 나는 어떤 소비자인지 체크해(☑) 보세요.

❶ 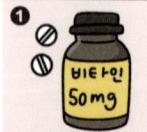	가격: 3,000원 성분: 비타민C 50mg 특징: 가격이 아주 저렴해요! 기본 성분만 들어 있어요.
❷ 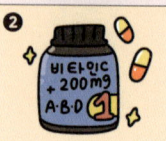	가격: 30,000원 성분: 비타민C 200mg, 비타민 A, B, D 등 여러 가지 영양소가 더 들어 있어요. 특징: 성분이 더 풍부하고 기능이 많아요. 하지만 가격은 더 비싸요.

☐ 가격을 더 중요하게 보는 **'가성비' 소비자**   ☐ 성분과 품질을 더 중요하게 보는 **'품질 중심' 소비자**

✦ 저는 (1번 / 2번)을 구매하겠어요.

　왜냐하면 ✎ _____

　_____

논술 똑똑 나의 의견을 논리적으로 표현해요!

다이소에서 건강 기능 식품을 팔기 시작하면서 찬성과 반대 의견이 팽팽하게 나뉘고 있어요. 여러분은 어떻게 생각하나요? 아래 찬성과 반대 입장을 읽고, 내 생각을 논리적으로 써 보세요!

다이소의 건강 기능 식품 판매에 대한 여러분의 생각은?

무엇을 선택할지는 소비자의 몫이에요.

저는 다이소에서 건강 기능 식품을 파는 것에 찬성해요. 요즘 사람들은 건강에 관심이 많고, 다양한 상품을 비교해 보며 선택해요. 가격이 중요한지, 성분이 중요한지는 각자 판단할 수 있어요. 그래서 소비자 입장에서는 다양하게 판매하는 것이 더 좋다고 생각해요.

찬성

몸에 영향을 끼치는 것이므로 전문가의 도움이 필요해요.

저는 다이소에서 건강 기능 식품을 파는 것에 반대해요. 건강 기능 식품은 사람마다 몸에 맞는 것이 다르고, 전문가의 조언이 필요할 때도 있어요. 그런데 아무 설명 없이 가격만 보고 사게 되면, 잘못 먹어서 건강에 해가 될 수도 있어요. 그래서 저는 약국처럼 상담이 가능한 곳에서 사는 것이 더 안전하다고 생각해요.

반대

경제

매달 새로운 장난감이 우리 집으로 온다면?

우와! 이번 달엔 어떤 장난감이지?

📖 읽기 전, 배경지식 쏙쏙!

구독

'사서 읽는다'라는 뜻의 한자어예요. 예전에는 주로 신문이나 잡지를 정기적으로 사서 읽는 것을 의미했지만, 요즘은 그 의미가 확장되어 다양한 제품과 서비스를 정기적으로 이용하는 것을 뜻하게 되었답니다.

구독이 뭐예요?

넷플릭스나 디즈니플러스에서는 매달 돈을 내고 좋아하는 영화나 애니메이션을 마음껏 볼 수 있죠? 이런 걸 '구독 경제(Subscription Economy)'라고 해요. 물건이나 서비스를 통째로 사는 대신, 매달 조금씩 돈을 내고 사용하는 새로운 경제 방식이랍니다!

얼마나 쓰고 있을까?

우리나라 사람들은 평균 3~4개의 구독 서비스를 이용하고, 매달 약 4만 원을 쓴대요. 예를 들어 영화 보는 '넷플릭스', 음악 듣는 '멜론', 책 읽는 '밀리의 서재' 등이 있어요. 이 금액도 비싸다고요? 그럼, 가족·친구 등 지인을 모아 **공유**해서 함께 지불하기도 해요.

골라 골라~ 뭘 먼저 구독해 볼까?

특히 요즘은 정말 재미있는 구독 서비스가 많아요. 매달 새로운 장난감을 받아볼 수 있는 '장난감 구독', 매달 새로운 맛의 과자 세트가 도착하는 '과자 구독', 심지어 가전제품, 자동차, 집도 매달 구독해 사용할 수 있어요.

과유불급! 너무 많아도 탈이 날 수 있어요

구독 서비스는 사용 후 반납하면 되니 보관 걱정도 없고, 환경에도 좋답니다. 게다가 언제든 **해지**가 가능해 편리하고 경제적이죠. 하지만 꼭 내가 필요하고 좋아하는 것만 구독하는 게 중요해요. 한 번 가입하면 매달 돈이 자동으로 빠져나가는데, 이것저것 추가로 구독하다 보면 무엇을 가입했는지도 모른 채 금액이 눈덩이처럼 커질 수 있거든요.

☑ 기사를 읽고 나의 느낌은? 흥미로워요 새로워요 공감해요 슬퍼요 화나요

내용 콕콕 내용 콕콕 잘 이해했는지, 신문의 중요한 내용을 콕콕 짚어 봐요!

✦ **신문의 내용과 맞으면 O 틀리면 X 하세요.**

1. 구독 서비스를 이용하면 매달 자동으로 돈이 나가요. (   )
2. 요즘은 냉장고나 자동차도 구독할 수 있어요. (   )
3. 구독은 한번 시작하면 중간에 그만둘 수 없어요. (   )

✦ **빈칸에 아래 단어를 넣어 문장을 완성하세요.**

| 구독 경제 | 매달 | 경제 | 제품 |

_____는 _____이나 서비스를 통째로 사는 대신 _____ 조금씩 돈을 내고 필요한 만큼 쓸 수 있는 새로운 _____ 방식이에요.

어휘 쏙쏙 어휘를 알면 글이 더 쉬워져요!

✦ **어휘 풀이**

공유	함께 공共 있을 유有
	여러 사람이 함께 물건을 나눠 쓰는 것
과유불급	지날 과過 오히려 유猶 아닐 불不 미칠 급及
	지나치면 오히려 미치지 못한 것과 같음
해지	풀 해解 그칠 지止
	계약자가 더 이상 그 약속을 유지하지 않겠다고 결정해 끝내는 것

✦ **어휘 연습!**

✳ 만화를 너무 많이 본다고 엄마가 넷플릭스를 _____한대.

✳ 친구들이랑 보드게임을 _____하면 매일매일 다른 게임을 할 수 있어서 좋아!

✳ 우리 집은 여러 개의 OTT 동영상 서비스를 구독하는데, 정작 볼 시간이 없어서 돈만 내고 있어. _____이 딱 맞는 말이지, 안 그래?

지식 톡톡 알면 알수록 재미있어요!

DVD 반납이 귀찮아서 탄생한 넷플릭스!

1997년, 비디오 가게에서 DVD를 빌리고 다시 반납하러 가는 일이 너무 귀찮았던 리드 헤이스팅스는 어느 날 DVD를 늦게 반납해 40달러(약 5만 원)의 연체료를 물게 됐어요. 그때 그는 '차라리 매달 일정 금액을 내고 자유롭게 볼 수 있다면 어떨까?' 하는 아이디어를 떠올렸고, 그렇게 넷플릭스의 구독 서비스가 시작되었답니다. 지금은 전 세계 2억 명이 넘는 사람들이 사용하는 거대한 기업으로 성장했어요!

생활 쏙쏙 생활 속에서 찾아봐요!

우리 가족은 얼마나 구독 서비스를 이용하고 있을까요? 우리 집에서 매달 돈을 내고 이용하는 서비스를 찾아보고 월 얼마를 지출하는지 알아봐요.

> **예시**
> - **생활 속 구독:** 정수기, 공기 청정기, 매트리스·침대, 비데, 가전제품 등
> - **콘텐츠 구독:** 넷플릭스, 디즈니플러스, 티빙, 멜론, 스포티파이, 밀리의 서재 등
> - **배송 구독:** 우유, 신문, 잡지, 채소·과일, 생필품(물티슈, 화장지, 기저귀) 등

사용하는 가족 이름	구독하는 서비스	월 이용료

✦ 우리 가족이 한 달에 쓰는 총 구독료는? 총 ✎_____ 원

논술 똑똑 나의 의견을 논리적으로 표현해요!

이제 여러분이 회사의 대표가 되어 새로운 구독 서비스를 만들어 보세요! 여러분의 아이디어는 세상을 더 편리하고 재미있게 바꿀 수 있어요. 내가 만들고 싶은 구독 서비스가 무엇인지 논리적으로 글을 써 보세요!

내가 만들고 싶은 구독 서비스는?

✦ **3단계 초 간단 논술 쓰기**

1단계	2단계	3단계
불편한 점 찾기	해결 방법 찾기	구독 서비스 만들기

> **예시**
> ¹우리들은 금방 자라서 옷이 금방 작아져요. ²우리의 키와 몸무게에 맞춘 옷을 매달 보내 주는 구독 서비스를 만들면 좋겠어요. ³서비스 이름은 '키다리 옷장'이고, 계절에 맞는 옷을 배달하며 필요 없는 옷은 반납하는 서비스예요.

✦ **3단계 초 간단 논술 쓰기 방법에 맞춰 내 의견을 써 볼까요?**

★ 불편한 점 찾기

★ 해결 방법 찾기

★ 구독 서비스 만들기

025

뒤뚱뒤뚱 첫 번째 펭귄을 따라가자!

읽기 전, 배경지식 쏙쏙!

펭귄 효과

어떤 제품에 확신이 없는 사람이 주위 사람들이 구매하는 모습을 보고 영향을 받아 자신도 따라 구매하게 되는 소비 심리를 말해요. 마치 펭귄들이 다른 펭귄이 먼저 뛰어드는 모습을 보고서야 바다로 향하는 모습에서 이 말이 유래했어요.

뒤뚱뒤뚱 귀여운 펭귄 무리가 바다 앞에서 서로 눈치를 보고 있어요. 그때 한 마리가 먼저 바다에 뛰어들면, 나머지 펭귄들도 우르르 따라 뛰어들죠. 이러한 펭귄의 행동에서 유래된 경제 용어가 있습니다. 바로 '펭귄 효과'예요.

남들이 한다고? 그럼 나도 따라 해야지!

예를 들어, '애플'의 새로운 모델이 **출시**되면 매장 앞에 줄을 선 사람들을 볼 수 있어요. 이 모습을 보고 더 많은 사람들이 구매 대열에 합류하지요. 소셜 미디어(SNS)에서도 펭귄 효과를 쉽게 찾아볼 수 있어요. '두바이 초콜릿'이 처음에는 비싸서 구매를 망설였는데, "맛있다."라는 리뷰가 SNS에 퍼지면서 "나도 맛보자!"라는 **심리**가 생겨났죠. 결국 없어서 못 사는 품절 사태가 벌어지기도 했답니다.

나는야, 용기 있는 퍼스트 펭귄!

바다에 맨 먼저 뛰어드는 용기 있는 펭귄을 '퍼스트 펭귄'이라고 불러요. 불확실하고 위험한 상황에서 가장 먼저 움직이고 다른 이의 참여를 이끌죠. 예를 들어, '스페이스X'는 우주로 여행을 떠나는 새로운 산업을 시작한 퍼스트 펭귄이에요. 우주 관광이 성공할 수 있을지 아무도 확신하지 못했지만, 스페이스X를 시작으로 이제 다른 회사들도 우주 관광에 도전하고 있답니다.

난 남들과 달라! 백로 효과

'백로 효과'는 펭귄 효과와 정반대랍니다. 사람들이 많이 사용하는 제품은 오히려 피하고 **희소성**이 있는 특별한 것을 원하죠. 그래서 명품 브랜드는 이런 고객을 잡기 위해 일부러 높은 가격과 제한된 수량으로 희소성을 유지해요.

내용 콕콕 내용 콕콕 잘 이해했는지, 신문의 중요한 내용을 콕콕 짚어 봐요!

✦ 신문의 내용과 맞으면 O 틀리면 X 하세요.

1. 펭귄 효과는 다른 사람들이 구매를 시작하면 자신도 따라서 구매하게 되는 소비 심리를 말해요. (　　)
2. 퍼스트 펭귄은 위험한 상황에서 가장 나중에 움직이는 펭귄을 뜻해요. (　　)
3. 백로 효과는 사람들이 많이 사용하는 제품을 더 많이 사게 되는 소비 심리를 뜻해요. (　　)

✦ 빈칸에 아래 단어를 넣어 문장을 완성하세요.

| 펭귄 효과 | 다른 사람 | 구매 | 심리 |

_____는 구매에 확신이 없던 소비자가 _____의 행동을 보고 따라 _____하는 소비 _____를 말해요.

어휘 쑥쑥 어휘를 알면 글이 더 쉬워져요!

✦ 어휘 풀이

출시	날 출出　시장 시市
	새롭게 개발된 상품이나 서비스가 시장에 처음으로 나오는 것
심리	마음 심心　다스릴, 이치 리理
	마음과 이성에서 일어나는 작용이나 의식의 상태
희소성	드물 희稀　적을 소少　성품 성性
	인간의 욕구에 비해 어떤 물건이나 자원이 드물고 한정된 상태

✦ 어휘 연습!

✳ 새로 _____한 스마트폰에는 놀라운 AI 기능이 들어 있대.

✳ 내가 가진 한정판 카드가 _____이 높은 거라서 친구들이 다 교환하고 싶어 해.

✳ 숙제할 땐 TV가 보고 싶고, TV 볼 땐 숙제가 걱정되는 건 무슨 _____일까?

지식 톡톡 알면 알수록 재미있어요!

펭귄들이 살아가는 그들만의 방법!

남극의 추운 바다, 수천 마리 펭귄들이 얼음 위에 모여 있어요. 바다에는 맛있는 물고기가 많지만, 무시무시한 천적인 바다표범도 숨어 있죠. 그래서 펭귄들은 물에 뛰어들기 전에 신중하게 행동해야 해요. 드디어 한 용감한 펭귄이 먼저 뛰어듭니다. 다른 펭귄들은 이 첫번째 펭귄을 주의 깊게 지켜보지요. 첫 번째 펭귄이 안전하게 헤엄치는 모습을 보면, 그제서야 나머지 펭귄들도 안심하고 뛰어들어요. 이렇게 하면 천적으로부터 더 안전하고, 더 많은 물고기도 잡을 수 있다는 사실을 본능적으로 아는 거지요. 그들만의 생존 전략이랍니다.

생활 쏙쏙 생활 속에서 찾아봐요!

SNS나 유튜브에서 본 물건을 따라 사고 싶었던 적이 있나요? 혹은 친구가 산 것을 보고 따라 산적은요? 사고 나서 만족했었는지, 아니면 후회했던 적이 있었는지 떠올려 보세요. 이렇게 나의 소비 습관을 돌아보는 것만으로도 펭귄 효과를 더 잘 이해할 수 있답니다!

✦ 무엇을 사고 싶었나요? ✎ _____

✦ 왜 사고 싶었는지 그 이유에 체크해(☑) 보세요.
  ☐ 친구가 먼저 샀다.
  ☐ SNS에서 봤다.
  ☐ 광고를 보고 끌렸다.
  ☐ 다른 이유 (✎ _____)

✦ 만족스러운 소비였나요? ✎ _____

글쓰기 반짝 [다양한 방법의 글쓰기를 해 봐요!

가족들에게 펭귄 효과를 설명하고 가족 인터뷰를 해 봅시다. 펭귄 효과를 경험해 본 소비가 있는지 묻고 표를 완성한 뒤 글로 써 보세요!

 가족 인터뷰 무엇을 따라 사 보았나요?

예시

인터뷰한 가족	엄마	아빠
구매한 물건	에어프라이어	캠핑용품
구매 이유	이웃의 추천	SNS 후기
소비 만족도	매우 만족	불만족

우리 가족의 펭귄 효과 경험을 알아보기 위해 인터뷰를 해 보았습니다. 엄마는 얼마 전 에어프라이어를 구매하셨어요. 옆집 아주머니가 에어프라이어를 샀는데 여러 가지 맛있는 요리를 편하게 한다고 하셔서요. 엄마도 아주 만족하신다고 해요. 아빠도 SNS에서 후기를 보고 요즘 잘 팔린다는 캠핑용품을 구매하셨다고 해요. 그런데 막상 캠핑을 자주 안 가게 되어서 별로 필요가 없었다고 합니다. 인터뷰를 통해 같은 펭귄 효과라도 사람에 따라 만족도가 다르다는 걸 알게 되었습니다.

인터뷰한 가족		
구매한 물건		
구매 이유		
소비 만족도		

경제

금값이
왜 이렇게 금값이죠?

📖 읽기 전, 배경지식 쏙쏙!

금 시세

금의 현재 가격으로, 시장에서 금을 사고파는 사람들의 수요와 공급에 따라 매일 변하는 가격이에요. 금 시세는 24K 순금 1g 기준으로 가격이 책정된답니다. 하지만 우리나라에서는 흔히 1돈의 가격으로 시세를 측정하기도 해요.

엄청나게 비싼 데도 없어서 못 산대요

금값이 연일 **고공 행진**을 이어가고 있어요. 1년 전만 해도 30만 원대였던 돌 반지 1돈(3.75g) 가격이 2025년 9월 기준, 56만 원을 넘어섰어요. 불과 1년 만에 가격이 약 2배가 된 거예요! 이렇게 비싸지면 사람들이 금을 사지 않을 것 같다고요? 현실은 정반대예요. 갑자기 많은 사람들이 몰리면서, 금은방에서는 골드바(막대 형태의 금덩어리)가 동이 나버리기도 했답니다.

더 많이 만들면 안 되냐고요?

금은 공장에서 찍어낼 수 있는 게 아니에요. 땅속에서 캐내야 하고, 그 양이 한정적이지요. 인류가 지금까지 **채굴**한 금은 대략 20만 톤, 앞으로 채굴할 수 있는 양은 약 5만 3천 톤 정도로 추정되고 있어요. 전 세계의 모든 금을 다 모아도 올림픽 수영장 3~4개 정도밖에 채울 수 없는 양이래요. 이렇게 금의 양이 한정적이니까 사고 싶어 하는 사람이 많아질수록 금값은 계속 오를 수밖에 없는 거예요.

10년 묵은 금니도 금은방으로!

금값이 치솟자, 집에서 잠자던 돌 반지나 금니를 파는 사람도 많아졌어요. 예전에는 금니가 **헐값**이라 그냥 두었지만, 요즘은 금값이 오르면서 '지금이 팔 때인가?' 고민하는 사람이 많아졌죠.

금은 최고의 '안전 자산'

사람들은 경제가 불안할 때 돈을 안전한 곳에 두고 싶어 해요. 수천 년 동안 변치 않고 귀했던 금은 사람들이 가장 안전한 자산으로 여기죠. 그래서 최근 금값이 크게 오른 것도 사람들이 경제가 불안하다고 느끼기 때문이랍니다.

내용 콕콕 내용 콕콕 잘 이해했는지, 신문의 중요한 내용을 콕콕 짚어 봐요!

✦ **신문의 내용과 맞으면 O 틀리면 X 하세요.**

1. 1년 전의 돌 반지 1돈 가격은 56만 원이었어요. (   )
2. 금은 공장에서 대량 생산할 수 있어요. (   )
3. 사람들이 경제가 불안하다고 느낄 때, 금을 가장 안전한 자산으로 여겨요. (   )

✦ **빈칸에 아래 단어를 넣어 문장을 완성하세요.**

| 금값 | 안전 | 불안 | 자산 |

_____이 크게 올랐는데도 사람들이 몰리는 이유는 경제가 _____할 때 가장 _____한 _____으로 여겨지기 때문이에요.

어휘 쏙쏙 어휘를 알면 글이 더 쉬워져요!

✦ **어휘 풀이**

고공 행진	높을 고 高 빌, 하늘 공 空 다닐 행 行 나아갈 진 進
	'높은 하늘을 나아간다.'는 뜻으로, 어떤 수치나 상태가 계속해서 높게 유지되거나 올라가는 상황을 비유적으로 표현한 말
채굴	캘 채 採 팔 굴 掘
	땅속에서 광물이나 자원을 캐내는 것
헐값	쉴, 쌀 헐 歇
	그 물건의 원래 가격보다 훨씬 싼 값

✦ **어휘 연습!**

* 호주는 세계에서 금 _____량이 많은 국가 중 하나예요.
* K-푸드, K-뷰티, K-팝이 전 세계적으로 _____ 중이에요.
* 포켓몬 카드는 예전에 웃돈을 주고 거래했는데, 지금은 _____에 거래돼요.

지식 톡톡 알면 알수록 재미있어요!

▲ 금으로 뒤덮여 있는 인도의 암리차르 황금 사원

금, 너는 누구니?

금은 인류가 구리 다음으로 가장 먼저 사용한 금속이에요. 반짝반짝 노란색 광택을 띠고 물러서 두드리거나 압착하면 얇게 퍼져요. 또 금은 녹슬지 않고 피부에 닿아도 안전해서 장신구나 치과 재료(금니)로 쓰인답니다.

금은 약 6천 년 전 고대 이집트에서는 금으로 왕관과 보물을 만들었으며 '태양의 금속'이라 불릴 만큼 귀한 대접을 받았어요. 지금은 약 46%가 귀금속, 22%가 투자, 15%가 전자 제품 등에 사용돼요. 재미있게도 바닷물에도 약 2천만 톤의 금이 있지만, 농도가 너무 낮아 캐내기 어렵대요. 그래서 땅에서 채굴하는 금이 여전히 귀한 대접을 받을 수 있는 거지요.

생활 쏙쏙 생활 속에서 찾아봐요!

오늘의 금 시세를 알아보자!

더 궁금하다면?

✦ **금값은 어떻게 정해질까요?**
  금의 가격은 매일 달라져요. 전 세계에서 금을 사고 싶은 사람(수요)과 팔 수 있는 양(공급)이 변하기 때문이에요. 경제 상황이나 국제 시장의 변화도 금값에 영향을 줘요.

✦ **금의 단위 '돈'**
  금의 무게를 잴 때는 '돈'이라는 단위를 사용해요. 금은방에서 "금 1돈 주세요!"라고 하면 3.75g의 금을 달라는 뜻이에요. (1돈 = 3.75g)

✦ **오늘의 금값을 알고 싶다면?**
  인터넷에서 '금 시세'를 검색하거나, 근처 금은방에 직접 물어보면 알 수 있어요!

✦ **오늘의 금 시세는? 1돈(3.75g)** _____월 _____일 _____원

글쓰기 반짝 다양한 방법의 글쓰기를 해 봐요!

긴 글을 읽고 핵심을 한 문장으로 정리하는 능력은 매우 중요해요. 글의 핵심을 빠르게 찾을 수 있고 긴 글도 쉽게 이해가 되지요. 이제, 신문을 다시 읽고 각 문단의 핵심만 뽑아 한 문장으로 정리해 글로 써 보세요!

 한 문단을 한 문장으로 요약하기 ## 이 기사는 이게 핵심이에요!

초 간단 요약하는 방법
1. 한 문단씩 무슨 내용인지 생각하며 읽어요.
   '이 문단에서는 어떤 이야기를 하고 있지?' 하고 떠올려 봐요.
2. 읽으면서 중요한 단어나 문장에 밑줄을 그어요.
   읽으면서 중심이 되는 말이 보이면 바로 표시해요!
3. 밑줄 그은 단어를 활용해 한 문장으로 정리해 봐요.

기사의 1문단으로 연습

1단계: 생각하며 읽기
→ 읽어 보니, 금값이 올랐는데도 사람들이 많이 산다는 내용인 것 같아!

엄청나게 비싼 데도 없어서 못 산대요

금값이 연일 **고공 행진**을 이어가고 있어요. 1년 전만 해도 30만 원대였던 돌 반지 1돈(3.75g) 가격이 2025년 9월 기준, 56만 원을 넘어섰어요. 불과 1년 만에 가격이 약 2배가 된 거예요! 이렇게 비싸지면 사람들이 금을 사지 않을 것 같다고요? 현실은 정반대예요. 갑자기 많은 사람들이 몰리면서, 금은방에서는 골드바(막대 형태의 금덩어리)가 동이 나버리기도 했답니다.

2단계: 중요한 단어나 문장에 밑줄 긋기

☞ **1문단 한 문장으로 정리하기**
✎ 금값이 약 2배로 올랐지만, 오히려 사람들이 몰리면서 금은방에서 금이 동이 났어요.

★ **2문단** ✎ _____

★ **3문단** ✎ _____

★ **4문단** ✎ _____

경제

욜로(YOLO)가 가고
요노(YONO)가 온다!

평소엔 아끼고
또 쓸 땐 쓰죠~

📖 **읽기 전, 배경지식 쏙쏙!**

욜로
'한 번뿐인 인생, 지금을 즐기자!'(You Only Live Once)' 라는 의미의 소비 습관으로 원하는 것에 돈을 아끼지 않아요.

요노
'하나만 있으면 된다!(You Only Need One)' 라는 의미의 소비 습관으로 필요한 것에만 돈을 써요.

요즘 2030세대(20~30대)의 <u>소비</u> 습관이 변하고 있어요. 예전에는 당장의 행복을 중시하는 '욜로(YOLO)' 소비가 유행했지만, 최근에는 불필요한 지출을 줄이고 꼭 필요한 것만 소비하는 '요노(YONO)' 소비가 더 인기를 끌고 있어요.

백화점 대신 다이소
그래서 백화점에서의 소비는 6% 줄었지만, 다이소에서의 소비는 12%가 늘었어요. 또한, 새 차를 사는 사람은 줄었지만, 중고 거래로 저렴하게 물건을 사는 사람은 더 많아졌어요. 이런 변화가 생긴 이유는 경제적 불안감 때문이에요. 월급은 오르지 않는 데 비해 물가는 계속 오르고 집값은 너무 비싸기 때문이죠. 한 30대 부부는 서울에 집을 마련하기 위해 대형 마트에서 할인하는 '<u>떨이</u> 상품'으로 저녁을 해결하고 있다고 말했어요.

'취향 저격' 상품에는 지갑 활짝!
하지만 2030세대는 자신이 정말 좋아하는 것에는 돈을 아끼지 않아요. 좋아하는 캐릭터 상품이나 한정판 굿즈가 나오면 기꺼이 돈을 써요. 이렇게 평소에는 아끼면서도, 좋아하는 물건과 경험에는 돈을 아끼지 않는 소비 습관을 '팬덤 소비'라고 해요.

티끌 모아 '쓸 땐 쓴다'
2030세대는 단순히 <u>구두쇠</u>처럼 돈을 아끼는 것이 아니에요. 최소한의 돈을 쓰면서 최대한의 만족을 얻으려는 것이에요. 요즘에는 SNS를 통해 '무지출 챌린지'나 '짠 소비' 경험을 함께 공유하며, 요노 소비가 하나의 문화로 자리 잡고 있어요.

기사를 읽고 나의 느낌은? 흥미로워요 새로워요 공감해요 슬퍼요 화나요

내용 콕콕 내용 콕콕 잘 이해했는지, 신문의 중요한 내용을 콕콕 짚어 봐요!

✦ 신문의 내용과 맞으면 O 틀리면 X 하세요.

1. 요즘 20~30대는 욜로에서 요노로 소비 습관이 변하고 있어요. (   )
2. 소비 변화가 생긴 이유는 경제적 불안감 때문이에요. (   )
3. 2030세대는 항상 구두쇠처럼 돈을 아끼고 절약만 해요. (   )

✦ 빈칸에 아래 단어를 넣어 문장을 완성하세요.

| 요노 소비 | 불안감 | 2030세대 | 팬덤 소비 |

_____는 경제적 _____으로 불필요한 소비를 줄이는 '_____'를 하지만, 자신이 좋아하는 것에는 아낌없이 지출하는 '_____'를 해요.

어휘 쏙쏙 어휘를 알면 글이 더 쉬워져요!

✦ 어휘 풀이

소비	사라질 소消 쓸 비費
	돈이나 물건, 시간, 에너지를 사용하여 없앰
떨이	팔다 조금 남은 물건을 다 떨어서 싸게 파는 일 또는 그렇게 파는 물건
구두쇠	돈이니 재물을 지나치게 아끼고 잘 쓰지 않는 사람을 비유적으로 이르는 말

✦ 어휘 연습!

* _____ 시간에 맞춰 장을 보러 가면, 물건을 반값에 살 수 있대요.
* 가장 유명한 _____는 '스크루지'인데, 추운 겨울에도 난방을 켜지 않고 옷을 껴입었대요.
* 우리 가족은 _____를 줄이기 위해 이번 달에는 외식하지 않았어요.

지식 톡톡 — 알면 알수록 재미있어요!

연령대에 따라 소비하는 방식이 달라요!

연령대	소비 특징
10대 (알파 세대, Z세대)	· 원하는 물건을 부모님께 요청하거나 용돈을 모아 사요. · 또래 사이에서 혹은 SNS에서 유행하는 제품을 선호해요.
20~30대 (MZ세대)	· 중고 거래나 대여 서비스를 적극 이용해요. · 생활에서 불필요한 소비는 아끼지만, 좋아하는 것이나 체험 활동에는 돈을 아끼지 않아요.
40대 (X세대)	· 가족을 위한 소비가 많아요. · 집·자동차·교육비에 돈을 많이 써요.
50~60대 (베이비 부머)	· 병원비나 건강을 챙기기 위한 소비가 늘어나요. · 은퇴 후 생활을 위해 연금이나 재산을 관리해요.

생활 쏙쏙 — 생활 속에서 찾아봐요!

나는 욜로족일까, 요노족일까?

간단한 질문에 체크하여(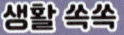) 내 소비 습관을 알아보세요!

✦ **나는 욜로족?**
- ☐ 사고 싶은 물건이 있으면, 필요한지 따지지 않고 바로 산다.
- ☐ '사는 기쁨'이 '모으는 기쁨'보다 훨씬 크다.
- ☐ 다음 용돈 받을 기간까지 얼마나 남았는지 신경 쓰기보다 지금 사고 싶으면 산다.

✦ **나는 요노족?**
- ☐ 용돈이 생기면, 당장 쓰지 않고 먼저 모아 둔다.
- ☐ 아무리 마음에 들어도, '내게 필요가 없다면' 쉽게 사지 않는다.
- ☐ 평소에는 아껴 쓰지만, '가장 좋아하는 것 하나'에는 과감하게 쓴다.

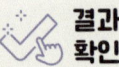 **결과 확인** 어디에 더 많이 체크했나요? 체크가 많은 곳이 바로 '나의 소비 습관'이에요. 둘 다 점수가 같다면, '욜로'와 '요노'를 적절히 가진 타입!

논술 똑똑 나의 의견을 논리적으로 표현해요!

욜로(YOLO)와 요노(YONO), 어떤 소비 습관이 더 좋을까요? 정답은 없어요. 사람마다 생각이 다를 수 있어요. 지금 당장의 행복이 중요할 수도 있고 나중에 원하는 것을 위해 지금 참을 수도 있어요. 내가 생각하는 더 나은 소비는 무엇인지 논리적으로 글을 써 보세요!

욜로와 요노, 내가 생각하는 더 나은 소비는?

✦ **3단계 초 간단 논술 쓰기**

1단계	2단계	3단계
선택한 소비 방식	선택한 이유	구체적인 예

난 요노족!

¹저는 요노 소비가 더 좋다고 생각해요. ²꼭 필요한 것만 구입하면 낭비를 줄이고 환경도 보호할 수 있기 때문이에요. ³저는 평소 용돈을 아껴서 나중에 제가 좋아하는 캐릭터 피규어를 살 계획이에요.

¹저는 욜로 소비가 더 좋다고 생각해요. ²왜냐하면 저는 지금 당장 행복한 것이 중요하거든요. 또 돈을 아끼느라 친구들과 추억 쌓을 기회를 놓칠 수도 있잖아요. ³저는 떡볶이를 좋아하는데, 용돈을 받으면 매일 학교 끝나고 친구들과 함께 사 먹는 게 너무 즐거워요.

난 욜로족!

✦ **3단계 초 간단 논술 쓰기 방법에 맞춰 내 의견을 써 볼까요?**

★ 선택한 소비 방식 ✎ _____

★ 선 택 한 이 유 ✎ _____

★ 구 체 적 인 예 ✎ _____

경제

비가 안 오면 과잣값이 오른다고요?!

헉, 갑자기 가격이 왜 오른 거야?

📖 **읽기 전, 배경지식 쏙쏙!**

인플레이션
같은 돈으로 살 수 있는 물건이 점점 줄어드는 현상이에요. 즉, 시간이 지날수록 돈의 실제 가치가 떨어지면서 물건을 사는 데 더 많은 돈이 필요하게 되는 것을 말해요.

물건값이 오르면 우리는 이를 '인플레이션'이라고 불러요. 그런데 요즘은 **기후** 변화로 인해 **물가**가 오르는 '기후플레이션'이라는 말이 생겼어요. 기후플레이션은 극단적인 날씨나 자연재해로 농작물이 잘 자랄 수 없게 되어, 음식 가격이 오르는 현상을 말해요.

이제 알았다. 내 과자가 비싸진 이유!

폭염이나 가뭄이 길어지면 농작물이 망가져요. 예를 들어 최근 아프리카에 비가 내리지 않아 카카오 **재배**가 잘되지 않았죠. 그래서 초콜릿의 주원료인 카카오의 국제 가격이 급등했고 빼빼로, 칸쵸 등 과자의 가격들도 평균 12% 인상되었답니다. 미국에서는 수년간 가뭄이 이어져 붉은 할라페뇨 고추 생산이 줄면서 스리라차 소스 가격이 폭등했고요. 또, 커피를 만드는 원두도 폭염 때문에 재배가 어려워 커피값이 계속 오르고 있대요!

비가 많이 내려도 문제라고요?

가뭄뿐만이 아니에요. 홍수도 기후플레이션을 일으켜요! 예를 들어, 태국의 폭우로 쌀 농장이 물에 잠기면서 쌀값이 올랐지요. 호주에서는 홍수로 밀 농사가 망가지면서 빵과 국수 가격이 올랐답니다. 한국에서도 장마가 길어지면 사과, 배 같은 과일이 상하게 되어 값이 급등해요.

안 오르는 것이 없네요!

기후 변화로 인해 농작물에만 피해가 있는 게 아니에요. 바다 온도가 올라가면 해산물 가격도 영향을 받죠. 산불이 많아지면 목재와 종이 가격도 비싸질 수 있고요. 기후 변화가 심해질수록 우리가 사는 거의 모든 것의 가격이 올라요. 기후 변화와 경제는 서로 긴밀하게 연결되어 있답니다.

✅ 기사를 읽고 나의 느낌은? 흥미로워요 새로워요 공감해요 슬퍼요 화나요

내용 콕콕 내용 콕콕 잘 이해했는지, 신문의 중요한 내용을 콕콕 짚어 봐요!

✦ 신문의 내용과 맞으면 O 틀리면 X 하세요.

1. 기후플레이션은 기후 변화 때문에 물건값이 오르는 현상이에요. (   )

2. 가뭄이 들면 농작물 생산에 문제가 생기지만, 비가 많이 오는 것은 괜찮아요. (   )

3. 카카오 농사가 잘되지 않아 초콜릿 과잣값이 올랐어요. (   )

✦ 빈칸에 아래 단어를 넣어 문장을 완성하세요.

| 물건값 | 기후플레이션 | 가뭄 | 농작물 |

_____과 홍수 같은 극단적인 날씨로 인해 _____ 생산이 줄어들면서 _____이 오르는 '_____' 현상이 나타나고 있어요.

어휘 쑥쑥 어휘를 알면 글이 더 쉬워져요!

✦ 어휘 풀이

기후	기운, 날씨 기氣 기후 후候
	기온, 비, 눈, 바람의 대기 상태
물가	물건 물物 값 가價
	물건의 값, 여러 가지 물건들의 평균적인 가치
재배	심을 재栽 북돋울 배培
	식물을 심어 가꿈

✦ 어휘 연습!

* 추석을 앞두고 _____가 많이 올랐어요.

* 우리나라 _____의 특징은 봄, 여름, 가을, 겨울이 뚜렷하게 나타나는 거예요.

* 우리 학교는 텃밭에 토마토와 상추를 _____해요.

039

지식 톡톡 알면 알수록 재미있어요!

◆ **인플레이션이란?**
물건값이 오르고 돈의 가치가 떨어지는 현상이에요.

작년 　　　 올해

> 같은 돈으로 살 수 있는 물건이 줄어들어 돈의 가치가 떨어진 거죠.

◆ **기후플레이션이란?**
날씨가 변동이 심해져서 물가가 오르는 특별한 인플레이션이에요.

 ➡  ➡

호주 홍수 　　　 밀 농장 피해 　　　 빵&국수 가격 상승↑

> 농작물 수확이 어려우면 구하기 어려지고 그러면 물건값이 오르는 거죠.

생활 쏙쏙 나의 생활과 연결해요!

인플레이션 직접 계산해 보기

재성이의 일주일 용돈은 7,000원이에요. 재성이가 좋아하는 1,000원짜리 젤리를 7개나 살 수 있죠. 그런데 오늘 편의점에 가 보니, 앗! 젤리 가격이 갑자기 1,200원으로 올랐어요! 이제 재성이는 일주일에 몇 개의 젤리를 살 수 있을까요?

◆ 일주일에 7개 살 수 있었던 젤리를 이제 _____ 개 살 수 있어요.

040

글쓰기 반짝 다양한 방법의 글쓰기를 해 봐요!

아프리카 가나의 농부 인터뷰를 읽고 다른 친구들에게 초코 과잣값이 왜 오르는지 알려 주는 글을 써 보세요!

알려 주는 글쓰기 아프리카 가나의 어느 카카오 농장에서의 인터뷰

 안녕하세요? 농부님. 올해로 카카오 농사를 지은 지 얼마나 되셨나요?

20년 전부터 이 농장을 가족들과 함께 운영하고 있어요.

 요즘 한국에서는 초코 과자 가격이 많이 올라서 어린이들이 울상이에요.

요즘 날씨가 너무 더워졌어요. 올핸 40일 동안 비가 한 방울도 오지 않았어요. 이런 적은 처음입니다. 카카오 열매가 얼마 나지 않으니 초코 과자가 비싸질 수밖에요.

 수확량은 어떤가요?

3년 전보다 반 정도로 줄었어요.

 앞으로의 계획은 무엇인가요?

다른 작물을 심을까도 생각해 봤지만, 기후가 이러니 다른 작물들도 다 마찬가지라고 하네요. 휴, 비가 더 많이 와야 하는데…….

✦ 꿀팁! 초코 과자의 재료가 무엇인지 생각해 보고, 농부 아저씨의 말을 잘 떠올려 보세요.

◆ 사회 ◆

백설 공주는 우울증에 걸리고, 라푼젤은 대머리가 된다고요?

내가 대머리가 된다고?!

📖 읽기 전, 배경지식 쏙쏙!

디즈니 애니메이션
월트 디즈니 컴퍼니(Walt Disney Company)에서 제작한 만화 영화를 말해요. 1923년부터 지금까지 60여 편의 디즈니 애니메이션이 전 세계적으로 사랑받고 있어요. 대표작으로는 「신데렐라」, 「라푼젤」, 「겨울왕국」 등이 있어요.

디즈니 공주들이 행복하게 사는 것처럼 보이지만 실제로는 심각한 건강 문제가 있다는 주장이 제기되었어요. 네덜란드의 한 연구팀이 의학 저널에서 '디즈니 공주들이 처한 건강 위험'에 대해 재미있는 분석을 발표했답니다.

백설 공주, 우울증에 걸릴 위험이?!

백설 공주는 새엄마 때문에 주로 혼자 지내야 했어요. 연구팀은 그녀가 우울증이나 불안에 시달릴 수 있다고 말했어요. 혼자 지내고 친구도 없이 지낸다면 마음이 아플 수도 있다고요.

라푼젤, 대머리가 될지도 몰라!

긴 머리를 밧줄로 사용하는 라푼젤은 두통이나 탈모를 겪을 수 있다고 해요. 너무 꽉 묶고 잡아당겨지면 머리카락이 빠지기 때문이죠.

신데렐라, 집안일로 건강에 나쁜 영향?!

'잿더미를 뒤집어쓴 소녀'라는 뜻을 가진 이름처럼 신데렐라는 청소와 빨래를 하면서 먼지를 많이 마셨을 거예요. 연구팀은 신데렐라가 폐 질환에 걸릴 가능성이 크다고 경고했죠. 또 요정이 뿌리는 반짝이 때문에 미세 플라스틱이 폐 조직에 침투할 수 있다고도 했어요.

재스민 공주, 호랑이한테 전염병 옮을라!

재스민 공주가 반려동물인 호랑이와 함께 지내는 것은 위험할 수 있다고 지적했어요. 호랑이의 공격이나 전염병에 걸릴 위험이 있다고요.

✅ 기사를 읽고 나의 느낌은? 흥미로워요 새로워요 공감해요   슬퍼요 화나요

내용 콕콕   내용 콕콕 잘 이해했는지, 신문의 중요한 내용을 콕콕 짚어 봐요!

✦ 신문의 내용과 맞으면 O 틀리면 X 하세요.

1. 미국 연구팀은 디즈니 공주들이 겪을 수 있는 건강 문제에 대한 연구 결과를 의학 저널에 발표했어요. (   )
2. 백설 공주는 주로 혼자 지내서 우울증에 걸릴 위험이 있다고 연구팀은 말했어요. (   )
3. 연구팀은 재스민 공주가 반려동물인 호랑이와 함께 지내기를 추천했어요. (   )

✦ 빈칸에 아래 단어를 넣어 문장을 완성하세요.

| 연구팀 | 탈모 | 건강 | 디즈니 |

네덜란드 _____은 _____ 공주들이 겪을 수 있는 우울증, _____, 폐 질환 등 다양한 _____ 문제를 분석한 연구 결과를 발표했어요.

어휘 쑥쑥   어휘를 알면 글이 더 쉬워져요!

✦ 어휘 풀이

우울증	근심 우憂 답답할 울鬱 증세 증症
	의욕이 없어지고 슬픈 감정이 오래 지속되는 병
잿더미	불에 타고 남은 재가 쌓인 것
반려동물	짝 반伴 짝 려侶 움직일 동動 물건 물物
	함께 살아가는 짝이나 가족처럼 정을 나누는 동물

✦ 어휘 연습!

* 백설 공주는 _____에 걸리지는 않았을 거예요. 일곱 난쟁이 친구가 있잖아요!
* 우리 집 '멍이'는 기쁨과 슬픔을 함께 나누는 소중한 _____이에요.
* 산불이 지나간 자리에는 _____만 남아 있었어요.

지식 톡톡 알면 알수록 재미있어요!

디즈니 애니메이션이 특별한 이유

1. 옛날옛날 고전 동화를 바탕으로 해요.

디즈니 공주들은 대부분 고전 동화에서 비롯되었어요. 예를 들어, 「백설 공주」는 그림 형제의 동화, 「신데렐라」는 샤를 페로의 이야기에서 유래했죠. 「잠자는 숲속의 공주」와 「미녀와 야수」도 고전 전설을 바탕으로 만들어졌어요.

2. 전 세계의 다양한 문화를 이야기하죠.

디즈니는 다양한 문화적 배경을 담았어요. 「뮬란」은 중국, 「알라딘」은 아랍 문화를 바탕으로 하고, 「모아나」는 폴리네시아 문화에서 영감을 받았죠. 디즈니 캐릭터들은 전 세계적인 문화를 담아내며, 다양한 인종과 국경을 초월한 글로벌한 이야기를 전하고 있습니다.

3. 성장과 희망을 전해요.

디즈니 공주들은 사랑을 찾는 것을 넘어서, 자신의 문제를 해결하고 성장해요. 모아나는 '자립'을, 라푼젤은 '자기 발견'을, 엘사는 자신의 힘을 받아들이고, 두려움을 '극복'하는 이야기로 많은 사람들에게 용기를 줍니다. 이런 이야기들은 희망과 용기를 주며, 전 세계 어린이들에게 큰 영향을 끼친답니다.

생활 쏙쏙 나의 생활과 연결해요!

「모아나」, 「겨울왕국」, 「라푼젤」, 「알라딘」처럼 멋진 이야기와 캐릭터들이 가득한 디즈니 영화들! 영화 속 캐릭터들은 용기, 희망, 자립 같은 멋진 모습을 보여 주며 우리에게 많은 영감을 주지요. 여러분이 가장 좋아하는 디즈니 영화와 캐릭터는 무엇인가요?

내가 좋아하는 디즈니 캐릭터

- ✦ 내가 좋아하는 디즈니 영화: ✎ _____
- ✦ 내가 좋아하는 캐릭터: ✎ _____
- ✦ 이 캐릭터를 좋아하는 이유: ✎ _____

글쓰기 반짝 [다양한 방법의 글쓰기를 해 봐요!]

디즈니 캐릭터들에게 편지를 써 볼까요? 편지 쓰는 방법을 알고 쓰면 더욱 멋진 편지가 될 거예요. 공주들에게 건강을 염려하는 편지도 좋고, 멋진 성장을 이룬 캐릭터에게 응원의 메시지를 전하는 것도 좋아요. 이제, 여러분의 마음을 담아 디즈니 캐릭터들에게 따뜻한 편지를 써 보세요!

 편지 쓰기 디즈니 주인공에게 편지를 써 볼까?

받는 사람 ▶	모아나에게
인사, 안부 전하기 ▶	안녕하세요?
하고 싶은 이야기 ▶	저는 얼마 전에 「모아나」 영화를 보고 정말 감동한 10살 소녀예요. 자신의 길을 찾고 용기 있게 바다로 떠나는 모습이 너무 멋졌어요. 저도 어려움을 극복하고 꿈을 이루고 싶어요.
끝인사 ▶	언제나 응원할게요! 건강하세요!
날짜 ▶	2025년 9월 1일
보내는 사람 ▶	소현 드림
추신으로 덧붙이기 ▶	추신: 마우이에게도 안부 전해 주세요!

045

사회

소각장!
우리 동네는 절대 안 돼요!

2025년 수도권 쓰레기 매립 종료 더 이상 묻을 곳이 없습니다.

📖 **읽기 전, 배경지식 쏙쏙!**

님비
'내 뒷마당에는 안 돼(Not In My BackYard.)'라는 뜻이에요. 사회를 위해 필요하나 해당 지역 주민이 반대하는 현상을 말해요. 쓰레기 소각장, 하수 처리장, 교도소, 정신 병원 등에서 님비 현상이 발생할 수 있어요.

발등에 불 떨어졌어요!
2026년부터 서울, 인천, 경기에서는 생활 폐기물을 땅에 바로 묻는 것(직매립)이 금지된대요. 쓰레기를 그냥 묻으면 환경이 오염되고, 많은 땅이 필요하기 때문이에요. 그래서 앞으로는 재활용하거나 태운 뒤에 남은 재만 묻도록 바뀌는 거예요.

코앞인데, 완공된 소각장은 0개!
그런데 이 시기에 맞춰 완공되는 소각장이 하나도 없어요! 쓰레기를 태워서 없애려면 소각장이 필요한데, 많은 지역 주민이 소각장 건설을 반대하고 있어요. 이런 현상을 '님비(NIMBY)'라고 해요. 님비라는 단어는 미국에서 처음 등장했어요. 1987년, 미국은 쓰레기 3,000톤이 처리되지 않아 큰 문제가 됐어요. 그때 시위하던 주민들이 외친 말이 바로 "내 뒷마당에는 안 돼!(Not In My BackYard!)"였어요. 즉, 꼭 필요한 시설이라도 자신이 사는 지역에 생기면 반대하는 현상을 뜻하는 말이 된 거예요!

'쓰레기 대란'이 다시 벌어질 수도 있어요!
2018년 중국과 동남아 국가들이 폐기물을 받지 않은 적이 있어요. 그때 우리나라는 수도권 쓰레기 처리에 어려움이 생겼고, 모두 처리하는 데 3년이 걸렸어요.

진퇴양난!
수도권 지역에서는 하루에 2,145톤의 생활 폐기물이 발생해요! 단 며칠만 쓰레기를 처리하지 못해도 엄청난 양이 쌓이게 되죠. 지자체는 소각장을 짓는 지역에 체육관, 분수대, 야외 체육 시설과 공원 같은 혜택을 제안하고 있지만, 지역 주민들과의 협상이 쉽지 않은 상황이에요.

☑ 기사를 읽고 나의 느낌은? 흥미로워요 새로워요 공감해요 슬퍼요 화나요

내용 콕콕 내용 콕콕 잘 이해했는지, 신문의 중요한 내용을 콕콕 짚어 봐요!

✚ 신문의 내용과 맞으면 O 틀리면 X 하세요.

1. '님비(NIMBY)'는 소각장 같은 시설을 지으려 할 때 주민들이 환영하는 현상을 뜻해요. (   )
2. 지난 2018년, 중국과 동남아 국가들이 폐기물을 받지 않으면서 수도권에서 쓰레기 대란이 일어났어요. (   )
3. 하루에 2,145톤의 쓰레기가 수도권에서 배출되지만, 며칠 처리하지 않아도 괜찮아요. (   )

✚ 빈칸에 아래 단어를 넣어 문장을 완성하세요.

| 소각장 | 지연 | 수도권 | 생활 폐기물 |

2026년부터 _____에서 _____을 땅에 바로 묻는 것이 금지되지만, 주민 반대로 _____ 건설이 _____되고 있어요.

어휘 쏙쏙 어휘를 알면 글이 더 쉬워져요!

✚ 어휘 풀이

소각장	불사를 소燒 물리칠 각却 마당 장場
	쓰레기나 폐기물을 태워 처리하는 시설
대란	큰 대大 어지러울 란亂
	매우 심각한 큰 혼란이나 소동
진퇴양난	나아갈 진進 물러날 퇴退 두 량兩 어려울 난難
	앞으로 나아갈 수도, 뒤로 물러설 수도 없는 둘 다 어려운 상황

✚ 어휘 연습!

* 명절 전, 택배 물량이 급증하면서 배송 _____이 일어났어요.
* 친한 친구 두 명이 서로 싸웠는데, 누구 편을 들어야 할지 _____이에요.
* 현대식 쓰레기 _____은 환경 오염을 최소화하도록 설계되어 있어요.

지식 톡톡 알면 알수록 재미있어요!

쓰레기, 눈에 보이지 않는다고 해서 사라진 게 아니에요!

1. 쓰레기는 어디로 갈까요?

쓰레기차가 가져간 쓰레기는 소각되거나 매립돼요. 하지만 소각해도 남은 재가 있고, 매립지는 점점 한계에 다다르고 있어요.

2. 재활용, 정말 다 되는 걸까요?

우리는 플라스틱을 따로 분리하면 재활용될 것으로 생각하지만, 실제로는 일부만 재활용되고 나머지는 버려져요.

3. 음식물 쓰레기, 어디로 갈까요?

음식물 쓰레기는 가축 사료, 퇴비 등으로 사용되지만 기름기나 양념이 많은 음식물은 활용이 어려워 버려져요.

생활 쏙쏙 나의 생활과 연결해요!

왜 종량제 봉투에 담아 버리죠?

종량제 봉투는 일반 쓰레기를 버릴 때 반드시 사용해야 하는 봉투예요. 우리나라에서는 1995년부터 시행되었어요. 예전에는 아무 봉투에 원하는 만큼 쓰레기를 버릴 수 있었어요. 그래서 너무 많은 쓰레기가 버려졌지요. 종량제 봉투를 사용하면 버리는 양만큼 돈을 내고 봉투를 구입해야 해서 자연스럽게 쓰레기를 줄이고 재활용도 늘릴 수 있답니다.

✦ **우리 집에서 주로 사용하는 종량제 봉투는?**

크기: (   )ℓ

가격: (   )원

✦ **우리 집은 대략 한 달에 대략 몇 장 사용하나요?** (   )장

글쓰기 반짝 | 다양한 방법의 글쓰기를 해 봐요!

쓰레기 소각장, 발전소, 교도소 같은 시설은 사회에 꼭 필요하지만, 서로의 입장이 달라 쉽게 진행되지 않아요. 주변 환경이 나빠질 것을 걱정하는 주민의 입장도 있고, 꼭 필요한 시설을 만들어야 하는 정부의 입장도 있죠. 각각의 입장이 되어 보고 그 이유를 생각해서 글로 써 보세요!

 다양한 입장에서 생각해 보기 — 과연 쓰레기 소각장은 어디에?

주민 입장: 우리 동네에 소각장이 생기는 건 반대해요!

왜냐하면 ✎ _____

_____

정부 입장: 소각장은 모두를 위해 꼭 필요합니다!

왜냐하면 ✎ _____

_____

파출소에 나타난 미스터리 치킨의 정체는?

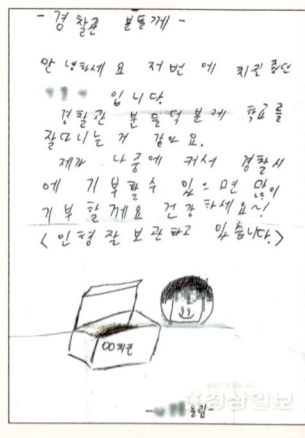 

📖 **읽기 전, 배경지식 쏙쏙!**

파출소
주민들과 가장 가까운 곳에서 안전을 책임지는 경찰 기관이에요. 주로 주거 지역 근처에 위치해 있으며 범죄 예방, 순찰, 민원 처리 등을 담당해요.

누가 파출소 앞에 치킨을 두었소?

울산 울주경찰서 삼남파출소 앞에 치킨 한 마리가 놓여 있었어요. 경찰관들이 CCTV를 확인해 보니 한 어린이가 조심스레 치킨을 두고 가는 모습이 담겨 있었죠. **수소문** 끝에 알게 된 사연은 놀라웠어요. 이 아이는 7살 때 거짓말하는 버릇을 고치기 위해 부모님과 함께 파출소를 찾았던 아이였거든요.

경찰관 아저씨, 감사합니다!

직원들이 CCTV를 분석해 연락이 닿은 곳은 초등학교 5학년의 A군과 부모님이었어요. 이 어린이는 경찰관들의 따뜻한 조언 덕분에 거짓말하는 버릇을 고치고 모범생이 될 수 있었다고 해요. 그래서 감사한 마음을 꼭 전하고 싶었던 아이는 오랫동안 용돈을 직접 모아 치킨을 사서 파출소 앞에 두었다고 해요. 경찰이 치킨을 돌려주겠다고 하자 A군의 부모님은 '아이의 **성의**를 봐서 꼭 드셔 달라.'고 말씀하셨어요. 아이의 마음이 담긴 치킨이었기 때문이죠.

진심을 담은 선물은 정말 감동이에요!

이런 순수한 마음에 감동한 경찰관들은 고마움을 담아 A군에게 포돌이(경찰청의 마스코트 캐릭터) 인형을 선물했다고 해요. 이후에도 학교생활을 착실히 한 A군은 초등학교를 졸업할 때, 삼남파출소를 다시 방문해 직접 쓴 감사 손 편지를 드렸대요. 손 편지에는 "제가 나중에 커서 경찰에게 **기부**할 수 있으면 많이 기부할게요. 건강하세요."라는 귀여운 약속이 적혀 있었어요. 울산 경찰 관계자는 "앞으로도 건강하고 바르게 자라줬으면 좋겠다."라고 소감을 밝혔어요.

내용 콕콕 내용 콕콕 잘 이해했는지, 신문의 중요한 내용을 콕콕 짚어 봐요!

✦ 신문의 내용과 맞으면 O 틀리면 X 하세요.

1. 초등학생이 치킨을 놓고 간 곳은 울산 울주경찰서 삼남파출소예요. (　　)
2. 경찰관들의 조언으로 아이는 거짓말하는 버릇을 고쳤어요. (　　)
3. 경찰관들은 아이에게 포돌이 인형을 선물했어요. (　　)

✦ 빈칸에 아래 단어를 넣어 문장을 완성하세요.

초등학생	경찰관	감사	치킨

_____의 따뜻한 조언으로 달라진 _____이 1년 동안 모은 용돈으로 _____의 마음을 담아 _____을 선물했어요.

어휘 쏙쏙 어휘를 알면 글이 더 쉬워져요!

✦ 어휘 풀이

수소문	찾을 수搜 바 소所 들을 문聞
	필요한 정보를 찾거나 듣기 위해 이곳저곳에 물어봄
성의	정성 성誠 뜻 의意
	어떤 일을 정성껏 하는 태도나 마음
기부	부칠 기寄 붙을 부附
	자선이나 공익을 위해 돈이나 물건 등을 대가 없이 내놓음

✦ 어휘 연습!

* 우리 가족은 아프리카 친구를 위해 월 3만 원씩 _____하고 있어요.
* 잃어버린 강아지를 열심히 _____했더니, 다행히 옆 동네 공원에서 찾을 수 있었어요.
* 생일 선물로 직접 그린 그림을 줬는데, 친구가 _____가 담긴 선물이라며 정말 좋아했어요!

지식 톡톡 알면 알수록 재미있어요!

경찰서와 파출소는 다른가요?

파출소는 경찰서의 관할 아래에 있는 작은 경찰 기관이에요. 경찰서가 도시 전체를 관리한다면, 파출소는 우리 동네처럼 가까운 지역의 안전을 책임지고 있어요. 여기서는 도난 신고, 길 잃은 사람 돕기, 교통사고 처리 같은 일을 주로 해요. 우리 동네 구석구석 범죄를 예방하기 위해 애쓰며, 주민들의 신고에 가장 먼저 출동한답니다. 파출소는 우리와 가장 가까운 곳에서 경찰의 역할을 하는 중요한 장소예요.

▲ 파출소

생활 쏙쏙 나의 생활과 연결해요!

파출소 위치를 알아 두면 위험한 일이나 긴급한 상황에서 바로 도움을 받을 수 있어요. 우리 집에서 가장 가까운 파출소는 어디인가요?

✦ **찾은 파출소 정보 적어 보기**

　우리 동네 파출소 이름: ✎ _____ 파출소

　우리 집에서 걸리는 시간: ✎ _____ 분

✦ **인터넷 지도로 파출소 찾아보고 약도를 그려 볼까요?**
　(* 약도란 찾아가기 쉽게 그린 간단한 그림을 말해요!)

논술 똑똑 나의 의견을 논리적으로 표현해요!

감사를 표현하는 것은 우리 마음속 따뜻한 감정을 전하는 소중한 방법이에요. 여러분이 감사한 마음을 느꼈던 순간을 떠올리며 감사한 마음을 어떻게 전하고 싶은지 논리적으로 글을 써 보세요!

그때 도와주셔서 정말 감사했습니다.

✦ **3단계 초 간단 논술 쓰기**

1단계	2단계	3단계
감사했던 사람	감사했던 이유	감사 표현 방법

예시

¹저는 운동장에서 넘어졌을 때 도와준 6학년 형에게 고맙다고 하고 싶어요. ²제가 넘어져서 울고 있을 때, 형아가 "괜찮아?" 하면서 일으켜 주고 보건실에 같이 가 주었는데 깜빡하고 고맙다는 말을 못 했어요. ³다음에 그 형을 만나면 "그때 도와줘서 정말 고마워."라고 꼭 말하고 싶어요.

✦ **3단계 초 간단 논술 쓰기 방법에 맞춰 내 의견을 써 볼까요?**

★ 감사했던 사람 ✎ _____

★ 감사했던 이유 ✎ _____

★ 감사 표현 방법 ✎ _____

_____

053

사회

세상에 없지만…. 사실은 있다?! 버추얼 아이돌!

우리는 버추얼 아이돌, 플레이브예요!

📖 **읽기 전, 배경지식 쏙쏙!**

버추얼 아이돌
버추얼 아이돌이란 실제로 존재하지 않지만 가상 현실, 컴퓨터 그래픽 등 디지털 기술로 만들어진 가수랍니다. 요즘은 AI를 이용하여 팬들과 실시간으로 소통하며 다양한 활동을 해요.

플레이브(PLAVE)를 아시나요?

지상파 음악 방송에서 1위를 하고, 미니 앨범이 103만 장이나 팔렸으며 공식 팬 카페의 회원 수가 10만 명이 넘는 인기 많은 남자 **아이돌** 그룹이에요. 은호, 밤비, 예준, 노아, 하민 다섯 명의 멤버로 이루어진 이 그룹은 사실 좀 특별해요. 바로 버추얼 아이돌이랍니다.

버추얼 아이돌은 어떻게 만들어질까요?

플레이브는 **가상** 아이돌이지만 혼자서 움직이거나 말하는 게 아니에요. 실제로 움직임을 전달하고 노래와 말을 담당하는 사람이 따로 있어요. 이 사람을 '본체'라고 부르죠. 사람이 움직이는 모습을 컴퓨터로 기록해 캐릭터에 입히고(3D 모션 캡처), 목소리도 본체가 직접 녹음해서 캐릭터가 말하고 노래할 수 있게 만들어요. 그래서 단순한 애니메이션이 아니라, 마치 사람처럼 캐릭터 각각의 개성을 갖고 있는 생생한 가상 아이돌이에요.

이 정도면 진짜 사람 같아요

플레이브는 노래하고 춤추는 것뿐만 아니라 음악 방송에도 출연하고, 콘서트도 열고, 매주 라이브 방송도 해요. 심지어 기부도 했답니다. 최근 산불 피해를 당한 분들을 돕기 위해 5천만 원을 기부하면서 "모두에게 조금이나마 위로가 되었으면 좋겠습니다."라는 따뜻한 말을 함께 전했어요.

처음엔 낯설었지만, 지금은 대세!

예전에는 버추얼 아이돌이 조금 낯설고 거부감을 느끼는 사람들도 있었어요. 하지만 점점 더 많은 사람들이 관심을 가지고 **인식**이 바뀌면서 K-팝의 중요한 한 부분으로 자리 잡고 있어요.

054 ✅ 기사를 읽고 나의 느낌은? 흥미로워요 새로워요  공감해요 슬퍼요 화나요

내용 콕콕 내용 콕콕 잘 이해했는지, 신문의 중요한 내용을 콕콕 짚어 봐요!

✦ **신문의 내용과 맞으면 O 틀리면 X 하세요.**

1. 플레이브는 미니 앨범이 103만 장 이상 팔린 인기 아이돌 그룹이에요. (　　)
2. 플레이브 멤버들 뒤에는 '본체'라고 불리는 실제 사람이 있어요. (　　)
3. 플레이브는 산불 피해 복구를 위해 5천만 원을 기부했어요. (　　)

✦ **빈칸에 아래 단어를 넣어 문장을 완성하세요.**

| 플레이브 | 컴퓨터 | 버추얼 | K-팝 |

_____는 _____ 기술로 만들어진 _____ 아이돌로, 큰 인기를 얻으며 _____의 한 부분으로 자리 잡고 있어요.

어휘 쏙쏙 어휘를 알면 글이 더 쉬워져요!

✦ **어휘 풀이**

아이돌	주로 일정한 팬을 보유한 젊고 인기가 많은 가수나 연예인을 뜻함
가상	거짓 가假　생각 상想
	현실은 아니지만, 실제처럼 생각되거나 보이게 만든 거짓 현실
인식	알 인認　알 식識
	어떤 것에 대해 알고, 그렇게 생각하거나 받아들이는 것

✦ **어휘 연습!**

* _____ 콘서트에 가기 위해 사람들이 줄을 길게 섰어요.
* 사람마다 같은 일을 다르게 _____ 할 수 있어요.
* 요즘은 _____의 아이돌인 버추얼 아이돌들이 많은 관심을 받고 있어요.

지식 톡톡 알면 알수록 재미있어요!

버추얼 아이돌, 어떻게 시작되었을까?

버추얼 아이돌의 역사는 생각보다 오래되었어요. 1990년대 후반, 우리나라에서는 '아담'이라는 첫 사이버 가수가 등장했어요. 아담은 1998년 '세상엔 없는 사랑'이라는 노래로 20만 장의 앨범을 팔았답니다! 2010년대부터는 기술이 발전하면서 더 생생한 3D 캐릭터들이 등장했어요. 2021년에는 '이 세계 아이돌'이 한국에서 큰 인기를 얻기 시작했고, 2023년 데뷔한 '플레이브'는 지상파 음악 방송 1위까지 차지하며 버추얼 아이돌의 역사에 새 이정표를 세웠답니다!

최근에는 버추얼 아이돌을 넘어 인공 지능이 직접 목소리와 움직임을 만드는 'AI 아이돌'도 등장하고 있어요. 이런 AI 아이돌은 인공 지능 기술 덕분에, 사람 없이도 스스로 노래하고 춤출 수 있어요.

▶ 이름: 아담
▶ 생년월일: 1997년 12월 12일
▶ 혈액형: O형
▶ 태어난 곳: 에덴

생활 쏙쏙 나의 생활과 연결해요!

'버추얼 아이돌' 기사를 읽고, 버추얼 아이돌을 어떻게 생각하는지 알아보는 활동이에요. 가족이나 친구에게 직접 물어보고, 간단히 정리해 보세요!

이름		
1. 버추얼 아이돌을 들어본 적이 있나요?	네 / 아니오	네 / 아니오
2. 버추얼 아이돌에 대해 어떻게 생각하나요?		
3. 앞으로 버추얼 아이돌에 대해 더 알고 싶거나 관심을 가져볼 생각이 있나요?		

글쓰기 반짝 다양한 방법의 글쓰기를 해 봐요!

'버추얼 아이돌'에 대한 기사를 마인드맵으로 정리해 보세요! 아래 기사 키워드를 참고해서 마인드맵 가지에 내용을 써도 좋아요.

- **기사 키워드**

  은호, 밤비, 예준, 노아, 하민 / 미니 앨범 103만 장 판매 / 팬 카페 회원 수 10만 명 / 지상파 음악 방송 1위 / 컴퓨터 기술 활용 / 본체가 있음 / 사람의 움직임과 목소리를 캐릭터에 담기 / 방송 출연 / 콘서트 개최 / 라이브 방송 / 기부 (산불 피해 성금 5천만 원) / 예전엔 낯설고 생소했음 / 지금은 점점 인기 / K-POP의 한 부분으로 자리매김

사회

빵빵~
생쥐 기사님이 출발합니다!

들어는 보셨나, 생쥐 운전사!

📖 **읽기 전, 배경지식 쏙쏙!**

왜 쥐로 실험할까요?
쥐는 뇌 구조와 학습 능력이 인간과 일부 비슷해 연구에 자주 사용돼요. 작고 다루기 쉬워 다양한 실험에도 잘 적응한답니다! 하지만 윤리적인 문제로 실험 쥐의 사용은 국제적인 동물 복지 기준을 따라야 해요.

쥐가 운전한다고?

미국 리치먼드 대학교에서 쥐가 차를 운전할 수 있다는 흥미로운 연구 결과가 나왔어요. 연구팀은 작은 플라스틱 통으로 자동차를 만들고 철사를 달아, **페달**처럼 작동하게 했어요. 쥐들은 이 차를 운전해 '프룻루프(시리얼)' 간식까지 가는 방법을 배웠어요. 처음에는 서툴렀지만, 연습하다 보니 **능숙**하게 운전할 수 있게 되었답니다.

나는야, 베스트 드라이버

놀랍게도, 쥐들은 운전을 정말 즐긴대요! 과학자들이 실험실에 들어가면 운전 훈련을 받은 쥐들은 케이지 옆으로 달려와서 신나서 뛰어올랐어요. 마치 산책하러 나가고 싶어 하는 강아지처럼요! 게다가 쥐들은 걸어갈 수 있는 거리인데도 자동차를 타고 가는 것을 더 좋아했답니다. 운전 자체를 재미있게 느낀 거죠. 그리고 연구팀은 쥐들에게 기다림의 중요성도 가르쳤어요. 예를 들어, 쥐들에게 보상을 바로 주지 않고 잠깐 기다린 뒤에 주었더니, 쥐들이 더 **긍정적**인 태도를 보이며 문제 해결도 더 잘했대요.

설렘은 나를 더 똑똑하게 해

이 연구는 쥐뿐만 아니라 우리 인간에게도 중요한 사실을 알려 줘요. 좋은 경험을 기다리는 설레는 감정이 우리 뇌에 긍정적인 영향을 줄 수 있다는 거예요. 연구에 따르면, 보상과 기대감이 뇌의 동기 부여 시스템을 자극하며, 학습과 행동 변화에 중요한 역할을 한다고 해요. 이를 통해 새로운 기술을 배우거나 문제를 해결하는 능력이 발달할 수 있답니다. 무엇을 좋아하고 기다리는 즐거움이 우리의 뇌와 삶에 얼마나 큰 영향을 줄 수 있는지 알 수 있어요.

☑ 기사를 읽고 나의 느낌은? 흥미로워요 새로워요 공감해요 슬퍼요 화나요

내용 콕콕 내용 콕콕 잘 이해했는지, 신문의 중요한 내용을 콕콕 짚어 봐요!

✦ 신문의 내용과 맞으면 O 틀리면 X 하세요.

1. 쥐는 자동차를 운전해 간식까지 가는 방법을 배웠어요. (   )

2. 쥐들은 걸어가는 것보다 자동차를 타는 것을 더 좋아했어요. (   )

3. 연구팀은 쥐에게 보상을 기다리지 않고 바로 줬어요. (   )

✦ 빈칸에 아래 단어를 넣어 문장을 완성하세요.

| 뇌와 행동 | 운전 | 설렘과 기다림 |

미국 리치먼드대학교 연구팀은 쥐의 _____ 실험을 통해, _____이 _____에 긍정적인 영향을 준다는 사실을 발견했어요.

어휘 쏙쏙 어휘를 알면 글이 더 쉬워져요!

✦ 어휘 풀이

페달	발로 밟거나 눌러서 기계를 움직이게 하는 부품
능숙	능할 능能 익을 숙熟
	어떤 일을 아주 잘하고 익숙하게 하는 것
긍정적	즐길 긍肯 정할 정定 과녁, 어조사 적的
	그러하거나 옳다고 인정하는 것, 상황이나 결과를 좋게 받아들이는 태도

✦ 어휘 연습!

✲ 수연아, _____을 밟아야 자전거가 앞으로 나가지!

✲ 발표를 망칠까 봐 걱정했는데, _____으로 생각하니까 오히려 마음이 편해졌어!

✲ 아빠는 작년에는 라면도 못 끓이셨는데 이제 _____하게 볶음밥까지 만들어 주셔요.

지식 톡톡 알면 알수록 재미있어요!

기다림과 설렘의 마법!

도파민은 우리 뇌에서 기대나 보상을 받을 때 분비되는 특별한 화학 물질이에요. 이 물질은 기분을 좋게 만들죠. 예를 들어, 크리스마스 선물을 기다릴 때 도파민이 분비돼요. 이때 우리 뇌는 더 활발하게 움직이며 기쁨과 기대감을 더욱 키운답니다.

설렘은 기분을 좋게 만드는 것을 뛰어넘어, 우리 뇌의 집중력을 높여 줘요. 과학자들은 중요한 경기를 앞둔 축구 선수에게 자신이 성공하는 모습을 상상하게 하면 더 좋은 결과를 얻는다는 사실을 발견했어요. 설렘은 뇌의 동기 부여 시스템을 자극해 더 열심히 노력하도록 도와준답니다. 우리도 시험이 끝난 후 즐거운 상상을 한다면 공부가 더 잘될 수 있어요. 설렘은 그 자체로 뇌를 건강하게 하고, 긍정적인 방향으로 이끌어 가는 힘을 가지고 있어요.

생활 쏙쏙 생활 속에서 찾아봐요!

기다리는 동안 설레는 마음은 단순히 기분 좋게 만드는 것을 넘어 목표를 이루는 데 큰 힘이 된답니다! 내가 기다리는 설레는 순간을 기록해 보세요.

내가 기다리는 설렘을 기록해요!

	1. 내가 기다리고 있는 것	2. 기다림이 이루어졌을 때의 모습	3. 기다림을 위해 내가 할 수 있는 일
지원	축구 교실에서의 첫 골	축구장에서 멋지게 골을 넣고 세리머니 하는 순간	축구 실력을 키우기 위해 매일 빠지지 않고 열심히 연습하기
수아	영어 시험 후 키즈 카페 가기	친구들과 신나게 노는 모습	시험 준비를 위한 영어 단어 암기와 복습하기
나			

논술 똑똑 — 나의 의견을 논리적으로 표현해요!

여러분은 기쁜 일을 기다리며 설레어 본 적이 있나요? 설렜던 기다림의 순간은 언제였는지, 또 어떤 경험을 했고, 어떤 기쁨을 느꼈는지 생각해 보고 논리적으로 글을 써 보세요!

 논리적으로 감정 전달하기 **나의 설렜던 기다림의 순간을 들려드릴게요!**

✦ **3단계 초 간단 논술 쓰기**

1단계	2단계	3단계
나의 기다렸던 순간	기다리면서 내가 한 노력	이루어진 순간의 느낌

예시

[1] 두발자전거를 타고 아빠와 함께 산책하는 날을 엄청 기다렸어요. [2] 처음에는 자꾸 넘어져서 창피하고 속상했지만, 쌩쌩 달리는 모습을 상상하며 포기하지 않았어요. [3] 그런데 어느 날 갑자기 중심을 딱 잡고 정말로 잘 탈 수 있게 되는 순간이 왔어요. 기분이 정말 날아갈 것 같았어요.

✦ **3단계 초 간단 논술 쓰기 방법에 맞춰 내 의견을 써 볼까요?**

★ 나의 기다렸던 순간 ✎ _____

_____

★ 기다리면서 내가 한 노력 ✎ _____

_____

★ 이루어진 순간의 느낌 ✎ _____

_____

사회

월화수목일일일,
주 4일 출근제 시행!

엄마, 아빠 회사 안 가고 집에 있으니까 좋지?

📖 **읽기 전, 배경지식 쏙쏙!**

주 4일제
주 4일제는 보통 주말을 포함하여 월, 화, 수, 목, 금 중 하루를 추가로 쉬는 형태로 운영돼요. 일주일에 4일 근무하고 3일 쉬는 방식이죠. 아직 우리나라는 주 5일제를 시행하고 있지만 주 4일제를 검토하고 있어요.

엄마, 오늘 출근 안 해?
전북특별자치도가 저출생 문제 해결을 위해 '주 4일 출근제'를 시행했어요. 대상은 8세 이하 또는 초등학교 2학년 이하의 자녀를 둔 전라북도 소속 공무원이에요. 또한 서울시와 충청북도 등에서도 주 4일 출근제를 검토 중이에요.

더 행복해지고, 더 잘살게 되었대요!
아이슬란드는 주 4일 근무를 일찍이 시작했어요. 일하는 날은 줄었지만, **임금**은 그대로 유지되었죠. 그 결과 회사에서 일은 더 잘됐고 행복감을 느끼는 사람들은 더 많아졌대요. 또한, **경제 성장률**도 2%에서 5%로 증가했는데, 이는 일하는 시간이 줄더라도 경제에는 지장이 없었다는 것을 알 수 있어요.

세계는 테스트 중
네덜란드, 독일, 뉴질랜드 등 여러 나라에서 주 4일제를 시험해 보고 있어요. 하지만 모든 사례가 성공적이지는 않아요. 예를 들어, 스웨덴의 한 병원에서는 **인력**이 부족해서 어려움을 겪었고, 영국에서는 비용 부담이 커져 주 4일제를 포기한 기업도 있었죠.

모든 직업과 기업에 주 4일제가 적합한 것은 아니에요
의사, 경찰관, 소방관처럼 자리를 비울 수 없는 직업이나 마트, 편의점, 식당처럼 고객 응대가 필수적인 업무는 주 4일제를 하기가 어려워요. 또한, 아이슬란드처럼 임금을 그대로 유지하면서 근무일만 줄이는 것도 쉬운 일이 아니랍니다. 그래서 앞으로 이 제도를 제대로 실시하려면 충분한 준비와 검토가 필요해요.

☑ 기사를 읽고 나의 느낌은? 흥미로워요 새로워요 공감해요 슬퍼요 화나요

내용 콕콕 내용 콕콕 잘 이해했는지, 신문의 중요한 내용을 콕콕 짚어 봐요!

✦ **신문의 내용과 맞으면 O 틀리면 X 하세요.**

1. 우리나라는 주 4일제 도입을 반대하고 있어요. (   )
2. 모든 직업과 산업에서 주 4일제가 쉽게 적용될 수 있어요. (   )
3. 앞으로 주 4일제를 도입하기 위해서는 충분한 준비와 검토가 필요해요. (   )

✦ **빈칸에 아래 단어를 넣어 문장을 완성하세요.**

3일	주 4일제	준비	시행

여러 나라에서 4일 일하고 _____ 쉬는 _____를 시험 중이며, 제대로 _____하려면 더 많은 _____가 필요해요.

어휘 쏙쏙 어휘를 알면 글이 더 쉬워져요!

✦ **어휘 풀이**

임금	품삯 임賃 쇠, 돈 금金
	노동자가 일한 대가로 받는 돈
경제 성장률	날 경經 건널 제濟 이룰 성成 길 장長 거느릴 솔, 비율 률率
	한 나라의 경제가 일정 기간 얼마나 성장했는지 나타내는 비율
인력	사람 인人 힘 력力
	사람의 힘 혹은 노동력

✦ **어휘 연습!**

* 경제가 어려워지면 _____이 낮아질 수도 있어요.
* 2025년 우리나라 최저_____은 10,030원이에요.
* 농촌에서는 _____이 부족해서 외국에서 노동자를 모집하기도 해요.

지식 톡톡 알면 알수록 재미있어요!

토요일까지 학교에 갔던 때가 있었다고요?

2002년까지만 해도 토요일까지 일하는 주 6일 근무는 당연했어요. 물론 학생들도 토요일에 학교를 갔지요! 김대중 정부가 '주 5일 근무제'를 적극 추진하면서 2002년 7월부터 우선 전국의 모든 은행이 주 5일 근무제를 시행했어요. 이후 수년에 걸쳐 차례로 주 5일제가 확대 시행되었어요.

주 5일제 시행 후, 주말 일상은 달라졌답니다. 전보다 여유로운 주말 덕분에 가족과 함께 보내는 시간이 늘어났어요. 여행, 취미 활동, 문화생활을 즐기는 사람들도 많아졌지요.

이제 주 4일제 시행을 테스트 중이에요. 찬성과 반대가 팽팽한 가운데 불가능하다는 의견도 많지만, 사람의 노동을 대신할 AI와 로봇 덕분에 더욱 가능해졌다는 의견도 있답니다.

생활 쏙쏙 생활 속에서 찾아봐요!

주 4일제는 사람들의 상황과 직업에 따라 다르게 느껴질 수 있어요. 회사에 다니는 부모님은 아이와 많은 시간을 보낼 수 있어 반가울 수 있지만 가게를 운영하는 부모님은 아이를 돌볼 사람이 필요해 고민이 생길 수 있어요. 자, 그렇다면 우리 가족은 주 4일제에 대해 어떻게 생각할까요?

주 4일제에 대한 우리 집 설문 조사

가족 이름	찬성	반대	잘 모르겠다	이유

| 글쓰기 반짝 | 다양한 방법의 글쓰기를 해 봐요!

주 4일제가 시행되어 주 4일만 학교에 가고 주 3일은 쉰다고 상상해 보세요! 신나겠죠? 하지만 늘어난 시간만큼 시간을 알차게 보내는 것도 중요해요. 이 소중한 3일을 어떻게 보내고 싶은지 글로 써 보세요!

 | 미래 상상해 보기 | **주 4일 학교, 주말 3일엔 뭘 할까?**

생각해 볼 점
- 쉬는 날에 배우고 싶은 새로운 취미나 기술이 있나요?
- 가족과 함께하고 싶은 활동은 무엇인가요?
- 친구들과 어떤 시간을 보내고 싶나요?
- 이 시간을 통해 이루고 싶은 특별한 목표가 있나요?

예시

저는 주 4일제가 시행되어 3일의 쉬는 날이 생긴다면, 금요일은 '내가 배우고 싶은 것을 배우는 날'로 정하고 싶어요. 평소 배우고 싶었던 바이올린이나 댄스처럼 관심 있는 것들을 금요일마다 배워 보려고 해요. 그리고 토요일과 일요일에는 가족들과 여행도 가고, 친구들과 신나게 놀면서 즐겁게 보내고 싶어요.

사회

10대들이여, 그대들은 SNS로부터 안전할 권리가 있다!

정말 10시가 되니 수면 모드가 됐잖아?!

📖 **읽기 전, 배경지식 쏙쏙!**

인스타그램
사진과 동영상을 공유하는 대표적인 SNS(소셜 네트워크 서비스)로 다른 사람의 게시물에 댓글을 달거나 '좋아요'를 누를 수 있어요. 짧고 재미있는 영상들로 많은 사람이 이용하고 있어요.

나쁜 말, 이제 안녕!
한국에서도 인스타그램 청소년 계정이 시작돼요! 이 계정은 18세 미만 청소년들이 안전하고 건강하게 **SNS**를 사용할 수 있도록 도와주는 새로운 기능이에요. 청소년 계정에서는 '괴롭힘 방지 기능'이 적용돼 청소년 계정에서 사용되는 나쁜 말이나 불쾌한 단어가 걸러져요. 싸움 장면이나 성형 광고 같은 불편한 내용도 볼 수 없지요. 덕분에 더 안전하고 편안한 SNS 환경이 만들어져요.

SNS 밤에는 이제 'STOP' - 수면 모드 ON!
인스타그램을 60분 이상 사용하면 앱 종료 알림이 뜨고, 밤 10시부터 아침 7시까지 수면 모드로 모든 알림이 꺼져요. 이 시간 동안 DM(다이렉트 메시지)이 오면 자동으로 답장이 전송된답니다.

부모님도 함께 관리해요
부모님은 감독 모드를 사용해서 자녀가 하루에 얼마나 SNS를 사용하는지 알 수 있어요. 하지만 청소년의 **프라이버시**를 위해 메시지의 내용까지는 부모님이 알 수 없답니다.

전 세계가 나선다!
세계적으로 청소년들을 SNS **중독**과 유해 콘텐츠로부터 보호하기 위한 법안이 급물살을 타고 있어요. 미국, 영국, 캐나다, 호주에서는 이미 1년 먼저 청소년 계정이 시작됐어요. 호주는 16세 미만 청소년이 SNS 계정을 만들 수 없도록 법을 준비 중이에요.

✅ 기사를 읽고 나의 느낌은? 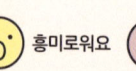 흥미로워요 새로워요 공감해요 슬퍼요 화나요

내용 콕콕 내용 콕콕 잘 이해했는지, 신문의 중요한 내용을 콕콕 짚어 봐요!

✦ 신문의 내용과 맞으면 O 틀리면 X 하세요.

1. 청소년이 인스타그램을 60분 이상 사용하면 앱 종료 알림이 떠요. (   )
2. 청소년 계정의 수면 모드는 밤 10시부터 아침 7시까지예요. (   )
3. 부모님은 자녀의 SNS 메시지 내용까지 볼 수 있어요. (   )

✦ 빈칸에 아래 단어를 넣어 문장을 완성하세요.

| 18 | 안전한 | 인스타그램 | 청소년 계정 |

_____은 한국에서도 _____세 미만 청소년의 _____ SNS 환경을 위해 _____을 도입해요.

어휘 쑥쑥 어휘를 알면 글이 더 쉬워져요!

✦ 어휘 풀이

SNS	인터넷에서 다른 사람들과 소통하고 관계를 맺을 수 있는 서비스
프라이버시	남에게 보이고 싶지 않은 내 정보나 생활, 그리고 그걸 지킬 수 있는 권리
중독	가운데 중中 독 독毒
	어떤 것에 너무 빠져들어 스스로에게 독이 되어 조절하기 어려운 상태

✦ 어휘 연습!

* 일기는 나의 _____이기 때문에 다른 사람에게 보여 주고 싶지 않아.
* 엄마, 저 게임 _____이 걱정돼서 게임 시간을 조금만 줄여 볼래요.
* 지수는 _____를 통해 외국에 사는 친구와도 매일 이야기를 나눠요.

지식 톡톡 알면 알수록 재미있어요!

쇼츠 영상(짧은 영상)은 왜 계속 보고 싶죠?

쇼츠에 빠져드는 데는 과학적인 이유가 있어요! 첫째, '도파민'이라는 행복 호르몬 때문이에요. 재미있는 영상을 볼 때마다 도파민이 분비되는데, 15초~1분의 짧은 영상은 빠르게 다음 재미를 주기 때문에 계속 보게 되죠. 둘째, 알고리즘이 나의 취향을 정확히 분석해요. 예를 들어, 귀여운 강아지 영상을 몇 번 보았더니 더 많은 강아지 영상이 뜨고, 장난감 리뷰 영상을 한 번 보았더니 비슷한 장난감 영상들이 계속 나오는 거죠. 내 관심사를 정확히 맞추니 재미있어서 더 보게 돼요. 셋째, '무한 스크롤' 방식이에요. 영상이 끝없이 이어지다 보니 "마지막 한 개만 더!"가 계속되는 거죠. 그래서 전문가들은 타이머를 설정하거나 알람을 켜두는 것을 추천한답니다.

생활 쏙쏙 생활 속에서 찾아봐요!

우리 가족 디지털 프리 데이!!

스마트폰을 잠시 손에서 놓고, 가족과 더 가까워지는 시간을 가져 봐요!

✦ **시행 날짜 :** (   )월 (   )일 (   )요일 (   )시 ~ (   )시

✦ **스마트폰을 모아 둔 장소 :** (   )

✦ **스마트폰 사용 대신 할 것 체크(☑)하기**

☐ 보드게임　　　☐ 운동하기　　　☐ 책 읽기
☐ 요리하기　　　☐ 만들기　　　　☐ 기타 : ✎ _____

✦ **가족들의 다짐 한마디**

✎ _____

_____

논술 똑똑 나의 의견을 논리적으로 표현해요!

SNS가 좋다고 느낄 수도 있고, 걱정될 수도 있을 거예요. 여러분의 입장을 먼저 정하고, 그 이유와 실천 방법을 논리적으로 글을 써 보세요. 나만의 규칙을 세우는 것도 좋은 방법이에요!

 초등학생 SNS 사용 찬성! vs 초등학생 SNS 사용 반대!

SNS 찬성!

나는 SNS가 좋다. 왜냐하면 친구들과 게임 정보나 재미있는 영상을 공유하는 것은 재미있는 우리들 사이의 문화이기 때문이다. 나는 SNS를 하되 시간을 정해서 보기로 결심했다. 이렇게 하면 평소에 생활도 잘하면서 나의 즐거움을 놓치지 않을 수 있을 것이다.

나는 SNS가 걱정된다. 왜냐하면 밤늦게까지 보다가 아침에 늦잠을 잔 적이 몇 번 있기 때문이다. 그래서 나는 밤 9시 이후에는 보지 않기로 결심했다. 이렇게 하면 충분히 잠도 자고 상쾌한 아침을 맞이할 수 있을 것이다.

SNS 반대!

사회

티니핑부터 슬램덩크까지!
대한민국은 지금 캐릭터 열풍!

📖 읽기 전, 배경지식 쏙쏙!

키덜트

어린이(Kid)와 어른(Adult)의 합성어로, 어린 시절 좋아했던 장난감, 애니메이션, 캐릭터 상품 등을 어른이 되어서도 즐기는 사람을 뜻하는 말이에요. 이들에게 장난감은 단순히 재미 요소가 아니라 심리적인 안정과 힐링 수단으로 이용되고 있어요.

삼촌 지갑까지 열게 하는 이것은?

부모는 물론 이모, 삼촌의 지갑까지 기꺼이 열게 만든다는 귀엽고 깜찍한 존재를 아나요? 바로 '티니핑' 캐릭터예요. 티니핑 캐릭터는 종류가 워낙 다양해서 아이들에게 하나둘 구입해 주다 보면 돈이 너무 많이 든대요. 그래서 '파산핑'이라는 신조어도 생겨났죠.

어른이 되었어도 캐릭터는 좋아

한편 어른이 되었지만, 여전히 캐릭터 장난감을 좋아하는 '키덜트족'이 있어요. 어렸을 적 가지고 놀던 캐릭터를 통해 동심과 추억을 떠올린답니다. 90년대 인기 애니메이션 「슬램덩크」가 최근 영화로 돌아왔을 때, 많은 어른이 영화관을 찾았어요. 무려 429만 명이나 관람했다고 해요.

내 월급으로 다 사야지!

한 20대 키덜트는 "어렸을 땐 갖고 싶어도 다 살 수 없었던 귀여운 인형이나 키링(열쇠고리)들을 수집하고 있어요. 캐릭터에 돈을 아낌없이 쓰는 편이에요."라고 말했어요. 또 90년대 말 유행했던 '웨딩피치' 요술봉은 최근 200만 원이라는 놀라운 가격에 거래될 정도랍니다.

이건 좀 아니잖아요?

캐릭터 상품은 어린이와 어른 모두에게 즐거움을 주고, 경제를 활성화하는 장점도 있어요. 하지만 캐릭터를 얻기 위해 음료를 대량으로 구매한 후 캐릭터만 쏙 빼 가고 음료는 버리는 사람도 있대요. 또 한정판 캐릭터 상품을 사재기해 10배 이상 비싸게 되팔기도 한대요. 캐릭터 소비가 단순한 취미를 넘어 과소비로 이어지지 않도록, 필요한 만큼 현명하게 구매하는 태도가 중요해요.

☑ 기사를 읽고 나의 느낌은?  흥미로워요  새로워요 공감해요 슬퍼요 화나요

내용 콕콕 내용 콕콕 잘 이해했는지, 신문의 중요한 내용을 콕콕 짚어 봐요!

✦ 신문의 내용과 맞으면 O 틀리면 X 하세요.

1. 키덜트족은 어린이들만 캐릭터를 좋아하는 현상을 의미해요. (　　)

2. 90년대 인기 애니메이션 「슬램덩크」는 이제 인기가 없어요. (　　)

3. 캐릭터 소비가 경제를 활성화하는 장점도 있지만, 과소비로 이어질 수 있는 단점도 있어요. (　　)

✦ 빈칸에 아래 단어를 넣어 문장을 완성하세요.

| 키덜트족 | 캐릭터 | 현명한 | 과소비 |

_____ 소비문화는 어린이뿐만 아니라 _____에게도 인기 있지만, _____하지 않는 _____ 소비가 필요해요.

어휘 쑥쑥 어휘를 알면 글이 더 쉬워져요!

✦ 어휘 풀이

신조어	새로울 신新 지을 조造 말씀 어語
	새롭게 지어낸 말
동심	아이 동童 마음 심心
	어린아이의 마음
사재기	값이 오를 것을 예상하고 한꺼번에 많은 물건을 사들여 쌓아 두는 일

✦ 어휘 연습!

* 포켓몬빵이 유행했을 땐 _____로 편의점마다 동이 나 구할 수가 없었어요.

* 놀이공원에 오면 아빠는 모처럼 _____으로 돌아가 재미있게 시간을 보냈어요.

* '버카충'은 '버스 카드 충전'이라는 _____예요.

지식 톡톡 · 알면 알수록 재미있어요!

'여덟 개의 주머니'를 아시나요?

요즘 한 아이를 위해 부모뿐만 아니라 조부모, 삼촌, 이모, 고모까지 지갑을 여는 현상이 많아지고 있어요. 이를 '에잇 포켓(Eight Pocket)'이라고 해요.

부모님 (2명) + 할아버지, 할머니 (양가 4명) + 삼촌, 이모(혹은 고모) (2명)

저출산 시대에 한 아이가 가족 전체의 관심과 소비를 집중적으로 받다 보니, 원하는 장난감이나 캐릭터 상품을 쉽게 얻을 수 있는 경우도 많아요. 하지만 이렇게 많은 어른이 돈을 아낌없이 제공하면 아이들이 물건의 소중함을 잊거나 과소비로 이어질 수도 있어요.

생활 쏙쏙 · 생활 속에서 찾아봐요!

캐릭터는 시대에 따라 모습이 변하지만, 우리에게 즐거움과 추억을 선물한다는 점은 변함이 없어요. 가족들과 함께 서로 좋아하는 캐릭터를 말해 보고 부모님의 추억을 공유해 보는 시간을 가져 보세요!

우리 가족의 최애 캐릭터는?

✦ 내가 좋아하는 캐릭터 : _____

✦ 캐릭터와 관련해 구매해 본 물건 : _____

✦ 부모님이 좋아하는 캐릭터 : _____

✦ 부모님이 캐릭터와 관련해 구매해 본 물건 : _____

| 글쓰기 반짝 | 다양한 방법의 글쓰기를 해 봐요! |

어느 카페에서 음료를 주문하면 인기 캐릭터 키링을 나눠 주는 행사를 했어요. 그런데 많은 사람이 키링만 가져가고 음료는 버려 달라고 요청했대요. 이런 요청들 때문에 카페에서는 버려지는 음료가 넘쳐 나 골머리를 앓았어요. 그렇다면, 음료가 낭비되지 않으면서 키링도 얻을 수 있는 더 좋은 방법은 없을지 아이디어를 글로 써 보세요!

 아이디어를 제안하기 **음료를 버리지 않고 키링을 받으려면?**

저는 매장에서 음료를 다 마신 후에만 키링을 받을 수 있도록 하는 것을 제안해요. 그 이유는 이렇게 하면 불필요하게 많은 음료를 주문하는 낭비를 막을 수 있기 때문이에요. 또한, 상점은 음료의 맛과 품질을 제대로 알릴 수 있고, 고객은 음료와 키링을 모두 만족스럽게 얻을 수 있어요.

073

사회

책과 함께 자란 소녀,
한국인 최초로 노벨 문학상을 받다!

오늘 밤 조용히 축하하고 싶어요.

📖 **읽기 전, 배경지식 쏙쏙!**

노벨상
스웨덴의 화학자 노벨의 유언에 따라 인류에게 큰 공헌을 한 사람이나 단체에 주는 상으로, 매년 스웨덴에서 시상돼요. 종류로는 평화상, 문학상, 물리학상, 화학상, 생리의학상, 그리고 경제 분야를 다루는 경제학상이 있어요.

우리나라 최초의 노벨 문학상

한강 작가님이 한국 작가 최초이자 아시아 여성 작가 최초로 노벨 문학상을 받았어요!

어렸을 때부터 책과 가까운 생활을 했죠

한강 작가님은 1970년 광주에서 태어나 어릴 때부터 책과 가까운 생활을 했다고 해요. 인터뷰에서 "저는 어렸을 때부터 한글로 된 책과 번역된 책을 많이 읽으며 자랐어요. 그래서 한국 문학과 아주 가깝게 지냈죠. 이번 수상이 한국 문학 독자들과 제 작가 친구들에게도 좋은 소식이 되면 좋겠어요."라고 말씀하셨어요. 작가님은 어릴 적부터 언어 능력이 뛰어난 학생이었고 고등학교 땐 한글날 글짓기에서 텔레비전을 '말틀'이라고 표현해 상을 받기도 했대요.

한강 작가님의 작품은 어떤 이야기를 담고 있을까?

한강 작가님의 대표작 「채식주의자」는 육식과 폭력을 거부하고 자유를 찾으려는 한 여자의 이야기를 담고 있어요. 이 책은 영국 맨부커상을 받으며 세계에 큰 반향을 일으켰어요. 이번에 받은 노벨 문학상은 한국 문학이 더 널리 알려질 수 있는 중요한 계기가 되었답니다.

전 세계는 한강앓이 중!

전 세계에 '한강 신드롬'이 불고 있어요. 국내 서점가에선 한강의 소설들이 모두 품절돼 새로 인쇄하느라 인쇄소가 쉼 없이 돌아갔고, 해외의 관심도 뜨거워지면서 영국, 프랑스, 미국 등에서 품절 사태가 이어졌어요.

기사를 읽고 나의 느낌은? 흥미로워요 새로워요 공감해요 슬퍼요 화나요

내용 콕콕 내용 콕콕 잘 이해했는지, 신문의 중요한 내용을 콕콕 짚어 봐요!

✦ **신문의 내용과 맞으면 O 틀리면 X 하세요.**

1. 한강 작가님은 한국 작가 최초이자 아시아 여성 작가 최초로 노벨 문학상을 받았어요. (   )
2. 한강 작가님은 어렸을 때 책과 거리가 멀었어요. (   )
3. 한강 작가님의 작품들은 국내에서만 인기가 있고, 해외에서는 별로 관심이 없어요. (   )

✦ **빈칸에 아래 단어를 넣어 문장을 완성하세요.**

한국	문학상	한강	노벨

_____ 작가님은 _____ 최초이자 아시아 여성 작가 최초로 _____

_____ 을 받았어요!

어휘 쏙쏙 어휘를 알면 글이 더 쉬워져요!

✦ **어휘 풀이**

문학	글월 문文 배울 학學
	인간의 생각과 감정을 언어로 표현한 예술로, 소설, 시, 희곡 등을 말함
육식	고기 육肉 밥 식食
	고기를 먹는 행동 또는 그런 식사
신드롬	특정 사건이나 인물을 좋아하는 것이 전염병처럼 퍼져 많은 사람이 비슷하게 열광하는 현상

✦ **어휘 연습!**

* 요즘 친구들 사이에서 캐릭터 스티커 모으기 _____ 이 생겼어!
* 엄마, _____ 은 책을 통해 다른 세상으로 모험을 떠나는 거래요!
* 사자는 _____ 동물이고 기린은 초식 동물이야.

지식 톡톡 알면 알수록 재미있어요!

노벨상은 누구의 이름일까?

노벨상은 다이너마이트를 발명한 과학자 알프레드 노벨의 이름을 따서 만들어졌어요. 노벨은 자신이 발명한 다이너마이트로 인해 사람들이 다치는 걸 보고 마음이 아팠어요. 그래서 자신의 재산을 기부하여 인류를 위해 헌신한 사람들을 위해 이 상을 만들게 되었답니다. 노벨상의 모든 메달에는 알프레드 노벨의 얼굴이 새겨져 있어요. 다른 한쪽은 상마다 다 다르다고 해요.

창의 팡팡 마음껏 상상하고 표현해요!

한강 작가님이 어릴 때부터 책과 가까이하며 꿈을 키워 노벨 문학상을 받은 것처럼, 여러분도 멋진 상을 받을 수 있어요. 이번에는 미래에 내가 받고 싶은 상의 상장이나 메달을 상상해 그려 보세요!

예시 환경 지킴이상   친구 도우미상
        책 읽기왕상   열공왕상

✦ 미래의 내가 받고 싶은 상은

_____

| 논술 똑똑 | 나의 의견을 논리적으로 표현해요! |

앞에서 그렸던 미래에 받고 싶은 상을 소개하고, 그 상을 받기 위해 어떤 노력을 해야 할지 구체적으로 생각해 보세요. 그리고 그 상을 받았을 때의 기분까지 생각하며 논리적으로 글을 써 보세요!

미래에 내가 받고 싶은 상은 말이죠!

✦ **3단계 초 간단 논술 쓰기**

1단계	2단계	3단계
미래에 받고 싶은 상 소개하기	현재 할 일 쓰기	기쁨과 보람 생각하기

> 예시
>
> [1] 저는 미래에 '환경 지킴이상'을 받고 싶어요. [2] 매주 일요일 아침 동네 공원에 가서 쓰레기를 주워 자연을 깨끗하게 만들 거예요. [3] 지구가 깨끗해지고, 모두가 행복해지는 걸 보면 뿌듯할 거예요!

✦ **3단계 초 간단 논술 쓰기 방법에 맞춰 내 의견을 써 볼까요?**

★ 미래에 받고 싶은 상 ✎ _____

★ 현재 할 일 ✎ _____

★ 기쁨과 보람 ✎ _____

사회

이렇게 맛있는 걸 왜 자꾸 불량하다고 해요?

달콤한 건 못 참아!

📖 **읽기 전, 배경지식 쏙쏙!**

불량 식품
인체에 유해한 물질 등을 사용하여 제조하고 판매하는 식품을 말해요. 쉽게 말해 먹으면 안 되는 식품이지요. 대표적인 불량 식품에는 정식 허가를 받지 않은 사탕, 껌, 젤리 등이 있어요.

불량 식품의 정체를 밝혀라!

맛있는 간식이라고 다 우리 몸에 좋은 건 아니에요. '식품안전나라(우리나라 식약처에서 운영하는 포털 사이트)'에서는 **위생**, 영양가, 포장 상태가 기준보다 떨어지거나 결함이 있는 제품을 '불량 식품'이라고 해요. 불량 식품은 질이나 상태가 좋지 않아 식품 섭취 시 인체의 건강을 해칠 우려가 있어요. 특히 학교 주변이나 놀이터에서 파는 일부 간식에 불량 식품이 있을 수 있으니, 주의가 필요해요.

이런 게 불량 식품이에요!

▶ 우리 몸에 해로운 재료가 들어간 식품
▶ 병든 동물 고기 등을 사용한 식품
▶ 기준에 맞지 않은 **첨가물**이 들어간 식품
▶ 포장 상태가 불량한 식품
▶ 거짓 정보를 알리거나 과대 포장한 식품

불량 식품을 발견했다면?

불량 식품은 **식중독**, 알레르기, 성장 장애 등을 일으킬 수 있으니 피해야 해요. 만약 발견했다면 식약처 신고 전화 1399에 무료로 전화할 수 있고 휴대 전화에서 식품 안전 정보 앱 '내손안'으로 신고할 수 있어요.

'내손안'이 궁금하다면?

✅ 기사를 읽고 나의 느낌은? 흥미로워요 새로워요 공감해요 슬퍼요 화나요

내용 콕콕 내용 콕콕 잘 이해했는지, 신문의 중요한 내용을 콕콕 짚어 봐요!

✦ **신문의 내용과 맞으면 O 틀리면 X 하세요.**

1. 맛있는 간식은 모두 우리 몸에 좋아요. (   )
2. 불량 식품은 위생, 영양가, 포장 상태가 기준에 맞지 않아 건강에 해로울 수 있어요. (   )
3. 불량 식품을 발견하면 식약처 신고 전화 1399에 무료로 신고할 수 있어요. (   )

✦ **빈칸에 아래 단어를 넣어 문장을 완성하세요.**

| 건강 | 불량 식품 | 신고 | 식품 |

_____은 기준에 미달하거나 _____에 해로운 _____으로, 발견 시 _____가 필요해요.

어휘 쑥쑥 어휘를 알면 글이 더 쉬워져요!

✦ **어휘 풀이**

위생	지킬 위衛 날 생生
	몸과 환경을 깨끗하고 건강하게 유지하는 것
첨가물	더할 첨添 더할 가加 물건 물物
	식품에 맛이나 색을 더하기 위해 넣는 물질
식중독	먹을 식食 가운데 중中 독 독毒
	상하거나 오염된 음식을 먹고 병에 걸리는 것

✦ **어휘 연습!**

* 동생아, 방이 너무 더러워! 이렇게 살면 _____에 문제 생긴다니까?
* 더운 날 방치된 김밥을 먹었더니 _____에 걸려서 엄청나게 고생했어.
* 이 사탕은 먹고 나면 혀 색깔이 파래져. 음…. _____ 때문인가?

지식 톡톡 알면 알수록 재미있어요!

간식 속 숨은 위험을 찾아라!

1. 인공 색소

인공 색소는 음식을 알록달록 더 예뻐 보이게 만드는 색깔 재료예요. 먹고 나면 머리가 아프거나 피부가 가려울 수 있어요.

2. 나트륨

나트륨은 음식을 짭짤하게 만드는 소금 같은 재료예요. 짭짤한 감자칩, 매운맛 과자에는 나트륨이 많이 들어 있어요. 너무 많이 먹으면 키가 잘 자라지 않고 살이 찔 수 있어요.

3. 트랜스 지방

트랜스 지방은 과자를 바삭바삭하고 오래 보관할 수 있게 만드는 기름이에요. 과자를 먹으면 고소해서 자꾸 먹고 싶어지지만, 혈관에 나쁜 기름 찌꺼기가 쌓여 심장이 약해질 수 있어요.

생활 쏙쏙 생활 속에서 찾아봐요!

내가 먹는 간식, 알고 먹는 것과 모르고 먹는 건 정말 달라요! 오늘은 우리가 좋아하는 간식에 나트륨, 당류, 지방이 얼마나 들어 있는지 직접 알아봐요!
(꿀팁! 과자 봉지 뒷면의 '영양 정보' 표를 보면 쉽게 찾을 수 있어요!)

과자 이름		
총내용량(g)		
나트륨(짠맛)	mg	%
당류(단맛)	mg	%
트랜스 지방, 포화 지방 (기름진 정도)	mg	%

글쓰기 반짝 — 다양한 방법의 글쓰기를 해 봐요!

이 세상엔 맛있고 몸에도 좋은 음식이 얼마나 많은지 몰라요! 친구들이 자주 먹는 간식 중에 건강하면서도 맛있는 간식이 있나요? 나만 알고 있기엔 아까운 맛있는 간식을 글로 소개해 보세요!

 건강 간식 소개하기 **우리 집 건강 간식을 소개해요!**

- **건강 간식 이름:** 꿀 요거트
- **재료:** 플레인 요거트, 아몬드, 꿀
- **만드는 법:** 플레인 요거트에 꿀과 아몬드만 넣으면 끝!
- **소개:** 우리 집에서는 아침에 요거트를 먹어요. 꿀과 견과류가 들어가서 달콤하고 또 오도독 씹는 맛도 있어요. 엄마 말씀으로는 장 건강에 좋아서 화장실도 잘 간대요.

★ 건강 간식 이름

★ 재　　료

★ 만 드 는 법

★ 소　　개

헌법재판관 8대 0 만장일치로 대통령 파면 결정

📖 읽기 전, 배경지식 쏙쏙!

파면
잘못을 저지른 공직자나 지위에 있는 사람에게 강제로 자리에서 물러나게 하는 것을 말해요. 가장 강한 징계지요. 우리가 알고 있는 대표적인 파면은 대통령이 탄핵되었을 경우예요.

대통령 윤석열을 파면한다!

2025년 4월 4일 11시 22분, 헌법재판소가 헌법재판관 8명 전원의 일치된 의견으로 윤석열 대통령을 파면한다고 발표했어요. 윤석열 대통령이 2024년 12월 3일 우리나라에 비상계엄을 선포한 지 123일만 이었어요. 헌법재판소의 결정 후, 서울 용산 대통령실의 봉황기(대통령을 상징하는 깃발)는 내려졌답니다.

헌법재판소는 왜 파면 결정을 내렸을까?

헌법재판소는 '헌법 제77조 위반과 국정 혼란 초래'를 주요 파면 사유로 밝히며 '대통령을 파면하는 것이 헌법을 지키는 데 더 도움이 되고, 그로 인해 생기는 이익이 나라에 생길 수 있는 손해보다 훨씬 크다.'고 판단했어요. 헌법재판소는 윤 전 대통령이 한 아래의 행동들이 모두 법을 어긴 일이라고 했어요.

△법에서 정한 이유와 절차를 지키지 않고 비상계엄을 낸 것 △국회에 군대와 경찰을 보낸 것 △법에 맞지 않는 포고령(명령)을 내린 것 △선거를 관리하는 기관을 강제로 조사한 것 △법을 다루는 사람들(재판관과 같은 법조인)의 위치를 알아내려 한 것

해외 언론들도 주목한 한국의 결정

이 소식은 외국 언론도 긴급 보도했어요. 현장에서 거리의 시민들 반응을 실시간으로 중계하기도 했어요. "한국 민주주의의 중요한 순간이다.", "한국의 민주주의가 남다른 회복력을 갖추고 있다."라고 평가했지요. 그러나 "몇 달간 겪은 이 혼란은 앞으로 장기간 더 이어질 것"이라고 전하기도 했어요.

내용 콕콕 내용 콕콕 잘 이해했는지, 신문의 중요한 내용을 콕콕 짚어 봐요!

✦ **신문의 내용과 맞으면 O 틀리면 X 하세요.**

1. 헌법재판소가 헌법재판관의 만장일치로 윤석열 대통령을 파면한다고 결정했어요. (   )
2. 헌법재판소는 법에서 정한 이유와 절차를 지키지 않고 비상계엄을 낸 것은 법을 어긴 것이라고 했어요. (   )
3. 외국 언론들은 한국의 혼란은 다 끝났다고 전했어요. (   )

✦ **빈칸에 아래 단어를 넣어 문장을 완성하세요.**

윤석열	헌법재판소	일치	파면

2025년 4월 4일 11시 22분, _____가 헌법재판관 전원의 _____된 의견으로 _____ 대통령을 _____한다고 발표했어요.

어휘 쏙쏙 어휘를 알면 글이 더 쉬워져요!

✦ **어휘 풀이**

헌법	법 헌憲 법 법法
	국가의 최고 법규로, 사람들의 기본적인 권리를 지키고 나라의 조직과 정치에 대한 규칙을 정한 법
계엄	경계할 계戒 엄할 엄嚴
	나라에 위험이 생겼을 때, 군대가 법을 집행하고 질서를 유지하는 제도
국회	나라 국國 모일 회會
	국민을 대표하는 사람들이 모여서 나라의 법을 만들고, 나라의 중요한 일을 결정하는 곳

✦ **어휘 연습!**

* 국회 의원들은 국민을 대표해서 _____에서 중요한 결정을 내려요.
* _____에는 모든 어린이가 교육을 받을 권리가 있다고 쓰여 있어요.
* 아이들은 TV에서 _____ 소식을 듣자 걱정하는 부모님의 모습을 보았어요.

지식 톡톡 알면 알수록 재미있어요!

대통령 파면을 결정하는 헌법재판소는 도대체 어떤 곳이죠?

우리나라의 헌법이 잘 지켜지고 있는지 판단하는 아주 중요한 기관이에요. 헌법재판소는 9명의 재판관으로 이루어져 있어요. 이 재판관들은 대통령이 3명을 임명하고, 국회가 3명을 선출하며, 대법원장이 나머지 3명을 지명해요. 이렇게 다양한 방법으로 재판관을 뽑는 이유는 한쪽의 의견만 반영되지 않도록 하기 위해서랍니다.

헌법재판소가 하는 중요한 일들
- 어떤 법이 헌법에 맞는지 아닌지 판단해요.
- 국민의 중요한 권리가 침해됐을 때 이를 지켜요.
- 국가 기관들 사이에 다툼이 있을 때 해결해요.
- 대통령이나 중요한 공무원이 법을 어겼을 때 파면 여부를 결정해요.
- 정당이 헌법에 어긋나는 활동을 했을 때 해산 여부를 결정해요.

생활 쏙쏙 나의 생활과 연결해요!

법은 사회 질서를 유지하고, 사람들이 공평하고 안전하게 지낼 수 있도록 도와주는 중요한 약속이에요. 대통령도 예외 없이 법을 지켜야 하지요. 법은 국민을 보호하는 역할을 해요.

> **헌법 제1조** 대한민국은 민주공화국이다. 대한민국의 주권은 국민에게 있고 모든 권력은 국민으로부터 나온다.
> **헌법 제10조** 모든 국민은 인간으로서의 존엄과 가치를 가지며, 행복을 추구할 권리를 가진다.
> **헌법 제11조** 모든 국민은 법 앞에 평등하다.
> **헌법 제31조** 모든 국민은 능력에 따라 균등하게 교육을 받을 권리를 가진다.
> **헌법 제34조** 모든 국민은 인간다운 생활을 할 권리를 가진다.

✦ **여러분은 '법'이라고 하면 어떤 생각이 떠오르나요? 내 생각을 적어 보세요!**
  예 (모두가 지켜야 하는 약속 / 지켜 주는 울타리 / 잘못된 일을 멈추게 하는 규칙 등)
  나는 법이 ✏ _____ 라고 생각해요.

글쓰기 반짝 다양한 방법의 글쓰기를 해 봐요!

이번 헌법재판소의 대통령 파면 기사를 읽고, LCI 글쓰기로 정리해 볼까요? 아래 LCI 글쓰기 방법을 읽고 빈칸에 내 생각을 자유롭게 써 보세요!

> ✦ **L (Learn: 배우다)** – 기사를 읽고 내가 알게 된 점을 써 보세요.
>   예) 이번 기사에서는 대통령 파면 이유에 대해 배웠어요.
>
> ✦ **C (Curious: 궁금하다)** – 기사를 읽으면서 궁금한 점이 생길 수 있어요.
>   예) 우리나라에 파면된 대통령이 또 있을까?
>
> ✦ **I (Impressions: 인상 깊다)** – 기사를 읽고 느낀 점을 써 보세요.
>   예) 대통령도 법을 지켜야 한다는 점이 중요하다고 느꼈어요.

L (Learn) 알게 된 것	
C (Curious) 궁금한 것	
I (Impressions) 느낀 것	

과학

코 찡! 혀가 얼얼!
그래도 멈출 수 없는 이 맛!

📖 **읽기 전, 배경지식 쏙쏙!**

통각
우리 몸이 아픔이나 자극을 느끼는 감각을 의미해요. 칼에 베이거나 뜨거운 물에 화상을 데일 때 통각이 작용하지요. 매운맛도 사실 맛이 아닌 혀가 느끼는 통증이에요. 통각은 생존에 필수적인 감각으로 위험에 대처하는 아주 중요한 감각이에요.

혀끝이 얼얼할 정도로 매운맛, 왜 우리는 점점 더 매운맛을 찾게 될까요? 매운 고추장과 김치를 곁들인 식사는 늘 우리 한국인의 식탁에 있었지만, 최근 들어 그 매운맛의 강도가 점점 높아지고 있어요. 경제적 어려움이나 사회적 불안감이 있을 때마다 더 강렬한 매운맛이 유행하는 현상은 과연 우연일까요?

아, 스트레스 풀려!

1986년, '신라면'은 '사나이를 울릴 정도로 맵다.'며 등장했어요. 이후 경제 위기가 닥칠 때마다 매운맛의 강도는 점점 높아졌지요. 1997년 IMF 외환 위기에는 '짬뽕'이, 2000년대 초반에는 '불닭'이, 2008년에는 '엽기 떡볶이'가 유행하면서 젊은이들에게 스트레스를 푸는 음식으로 사랑받았습니다.

도전! 불닭 챌린지

코로나19 동안 글로벌 라면 시장에서 한국 라면의 수출이 많이 증가하면서 외국에서도 한국의 매운맛이 알려지기 시작했어요. 특히, '불닭볶음면'은 외국인들 사이에서 도전 과제가 되었죠. 매운맛을 견디는 '챌린지'를 하며 스트레스를 푼다는 후기들이 온라인에 퍼지면서, 불닭볶음면은 세계인의 입맛까지 사로잡으며 미국 알파 세대 선호도 1위 상품을 차지하기도 했어요.

매운맛은 사실 통각입니다만

매운맛은 사실 '맛'이 아니라 '통각'이에요. 혀가 아플 정도로 강한 자극을 받으면서 우리는 일시적으로 스트레스를 잊게 되죠. 이런 이유로 사람들이 어려운 시기에 매운 음식을 더 찾게 된다고 해요.

☑ 기사를 읽고 나의 느낌은? 흥미로워요 새로워요 공감해요 슬퍼요 화나요

내용 콕콕 내용 콕콕 잘 이해했는지, 신문의 중요한 내용을 콕콕 짚어 봐요!

✦ 신문의 내용과 맞으면 O 틀리면 X 하세요.

1. 신라면은 1986년에 처음 출시되었어요. (   )
2. 매운맛은 실제로 단맛, 신맛과 같은 미각 중 하나예요. (   )
3. 매운맛이 유행했던 이유 중 하나는 스트레스를 해소하려는 심리와 관련이 있어요. (   )

✦ 빈칸에 아래 단어를 넣어 문장을 완성하세요.

| 매운맛 | 스트레스 | 입맛 |

사회적 불안과 _____가 클수록 사람들은 _____이라는 통각을 통해 이를 해소하며, 그 강렬함은 전 세계인의 _____까지 사로잡고 있어요.

어휘 쏙쏙 어휘를 알면 글이 더 쉬워져요!

✦ 어휘 풀이

사나이	한창 혈기가 왕성할 때의 남자
수출	보낼 수 輸 날 출 出
	우리나라에서 만든 물건이나 기술을 외국에 보내어 파는 것
알파 세대	인간 세 世 대신할 대 代
	2010년대 초반부터 2020년대 중반에 태어난 세대로, 디지털 환경에 익숙히고 콘텐츠를 자연스럽게 소비하는 세대

✦ 어휘 연습!

* 한국에서 만든 물건은 품질이 좋아 다른 나라로 많이 _____ 돼요.
* 한 입 가지고 두말하면 _____가 아니지!
* 나는 2015년에 태어나서 _____이고요. 엄마는 1985년에 태어났으니 밀레니엄 세대예요.

생활 쏙쏙 생활 속에서 찾아봐요!

나의 매운맛 수준은 어디?!

매운 라면에 보면 종종 '스코빌 지수'라고 적혀 있어요. 스코빌 지수란 고추에 포함된 캡사이신의 농도를 통해 매운맛의 정도를 나타내는 단위예요. 1912년 미국의 약사 '윌버 스코빌'이 만들어서 스코빌 지수라고 불리게 되었답니다. 매운맛은 사람마다 다르게 느낄 수 있어요. 똑같은 매운맛이라도 누군가는 덜 맵게, 누군가는 더 맵게 느낄 수 있죠.

✦ 내가 먹어 본 가장 매운 라면은 무엇인지, 나의 매운맛 수준은 어디인지 알아볼까요?

내가 먹어 본 가장 매운 라면은?   매운 것을 먹었을 때 몸의 반응은?

✏ _____   ✏ _____

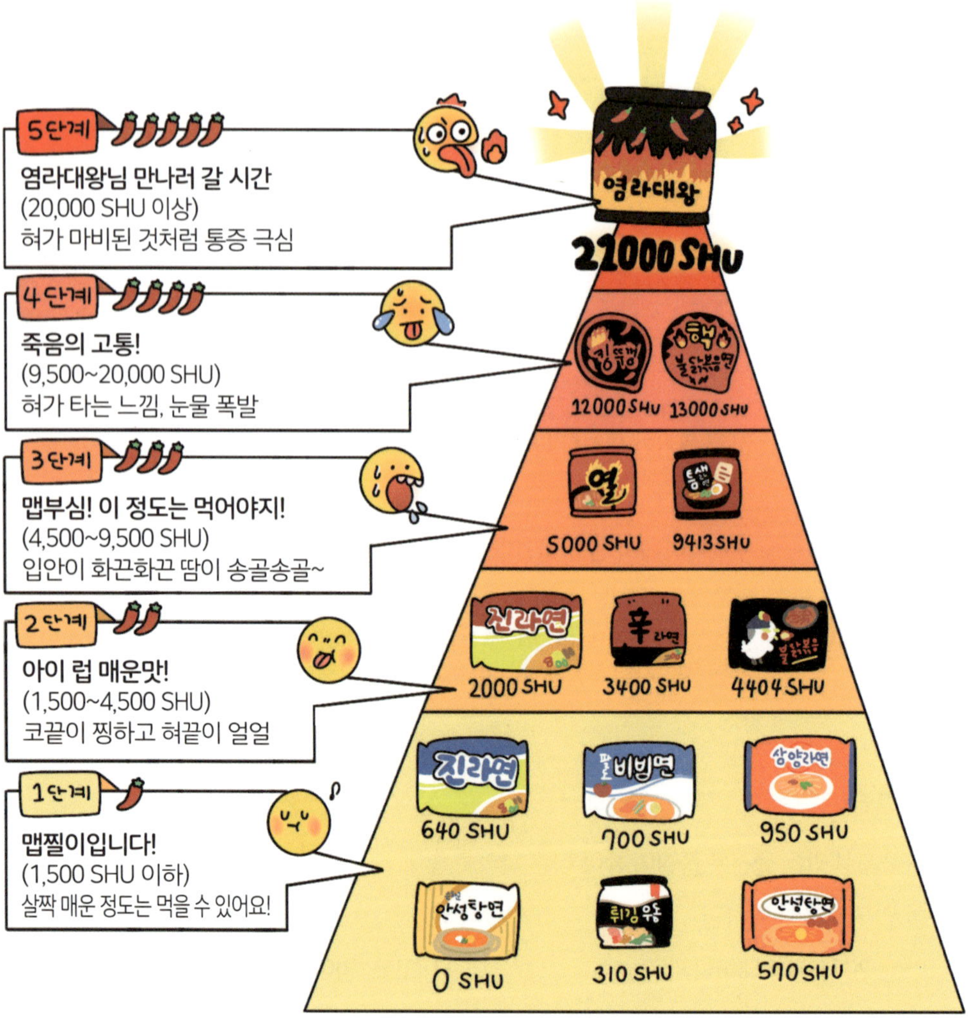

5단계
염라대왕님 만나러 갈 시간
(20,000 SHU 이상)
혀가 마비된 것처럼 통증 극심

4단계
죽음의 고통!
(9,500~20,000 SHU)
혀가 타는 느낌, 눈물 폭발

3단계
맵부심! 이 정도는 먹어야지!
(4,500~9,500 SHU)
입안이 화끈화끈 땀이 송골송골~

2단계
아이 럽 매운맛!
(1,500~4,500 SHU)
코끝이 찡하고 혀끝이 얼얼

1단계
맵찔이입니다!
(1,500 SHU 이하)
살짝 매운 정도는 먹을 수 있어요!

염라대왕 22000 SHU
12000 SHU / 13000 SHU
5000 SHU / 9413 SHU
진라면 2000 SHU / 후라면 3400 SHU / 4404 SHU
지라면 640 SHU / 비빔면 700 SHU / 삼양라면 950 SHU
안성탕면 0 SHU / 튀김우동 310 SHU / 한설탕면 570 SHU

글쓰기 반짝 다양한 방법의 글쓰기를 해 봐요!

매운맛은 처음부터 잘 먹지 못하죠. 아마 여러분도 처음 매운 음식을 먹었을 때 '아! 매워! 어떻게 이걸 먹지?' 하며 당황했던 기억이 있을 거예요. 혀가 얼얼하고 눈물이 나던 그때의 이야기를 들려주세요.

 나의 경험 이야기하기 내 인생의 가장 강렬했던 매운맛!

5학년 때였어요. 친구들과 하교하는 길에 들른 떡볶이집에서의 일이에요. 친구들은 모두 매운 떡볶이를 잘 먹었는데, 저는 한입 먹고 살짝 눈물이 맺혔어요. 그때 친구가 "천천히 먹어, 괜찮아?"하며 건넨 물이 아직도 기억나요. 이제는 그 친구와 함께 새로 생긴 떡볶이집을 찾아다니며 맛을 평가하는 사이가 됐답니다.

과학

택시에서
보드게임할까, 영화 볼까?

운전은 저에게 맡기고 편히 쉬세요!

📖 **읽기 전, 배경지식 쏙쏙!**

일론 머스크
미국의 전기차 회사 테슬라의 CEO(대표)이자 SpaceX(우주 탐사 기업)의 창립자로, 첨단 기술 분야에서 많은 주목을 받는 기업가예요.

일론 머스크, 사이버캡 선보여

최근 미국의 전기차 회사 테슬라가 운전대와 페달이 없는 새로운 로보택시, 사이버캡을 선보였어요. 이 사실이 특히 주목받는 이유는 자율 주행차와 우주 탐사 등 미래 기술에 큰 꿈을 가진 일론 머스크가 개발한 택시이기 때문이에요.

이제 차에서는 푹 쉬세요

이 차는 사람이 운전할 필요 없이 **인공 지능**이 차량의 주행을 스스로 판단하고 결정하는 완전 자율 주행 기술로 작동할 것이라고 해요. 일론 머스크 대표는 사이버캡이 마치 작은 라운지(편하게 앉아서 쉴 수 있는 휴게실과 같은 공간)처럼 편안한 경험을 제공할 것이라고 설명했어요. 차 안에서는 운전을 신경 쓰지 않고 책을 보거나 영화를 보는 등 승객이 원하는 활동을 하며 이동할 수 있다고요.

아직은 갈 길이 멀어요

머스크는 이번 공개 행사에서 로보택시에 적용될 자율 주행 기술의 구체적인 내용과 **규제** 해결 방법은 언급하지 않았어요. 기대했던 전문가와 투자가들은 실망하며 완전한 자율 주행차의 기능을 갖추기 위해서는 더 큰 노력이 필요하고 또 높은 규제 장벽도 넘어야 한다고 말했어요.

기대 반 걱정 반

사이버캡은 편리한 이동과 교통 혼잡 **해소** 등 기대되는 점도 있지만 일자리 감소, 안정성 문제 등 우려되는 부분도 있어요. 그래서 사람들은 기대 반 걱정 반으로 사이버캡을 바라보고 있죠. 과연 사이버캡이 실제 도로에서 운행되는 날이 곧 올까요?

☑ 기사를 읽고 나의 느낌은? 흥미로워요 새로워요 공감해요 슬퍼요 화나요

내용 콕콕 내용 콕콕 잘 이해했는지, 신문의 중요한 내용을 콕콕 짚어 봐요!

✦ **신문의 내용과 맞으면 O 틀리면 X 하세요.**

1. 사이버캡은 운전대와 페달이 없는 로보택시예요. (   )
2. 사이버캡이 도로에서 운행되기 위해서는 높은 규제 장벽을 넘어야 해요. (   )
3. 사이버캡은 일자리 감소에 대한 걱정이 없어요. (   )

✦ **빈칸에 아래 단어를 넣어 문장을 완성하세요.**

테슬라	규제	사이버캡	해결

미국의 전기차 회사 _____가 새로운 로보택시, _____을 선보였어요.

하지만 기술과 _____ 문제 등 아직 _____해야 할 것들이 많아요.

어휘 쏙쏙 어휘를 알면 글이 더 쉬워져요!

✦ **어휘 풀이**

인공 지능	사람 인人 장인 공工 알 지知 능할 능能
	컴퓨터 시스템이 인간의 지능을 모방하여 학습, 추론, 문제 해결 등을 수행하는 기술
규제	법 규規 절제할 제制
	(어떤 일을) 법이나 규정으로 제한하거나 금지하는 것
해소	풀 해解 사라질 소消
	문제를 해결하거나 없애는 것

✦ **어휘 연습!**

✱ 학교에서는 스마트폰 사용 _____가 있어서 마음대로 사용을 못 해.

✱ 나는 맛있는 걸 먹어서 스트레스를 _____ 하지.

✱ 와, _____이 수학 문제 푸는 걸 도와줬어. 대박!

지식 톡톡 알면 알수록 재미있어요!

어떻게 운전하는 사람이 없는데 자동차가 스스로 운전하죠?

자율 주행차는 운전자가 필요 없는 특별한 자동차예요. 이 차는 마치 로봇처럼 스스로 길을 찾아서 운전해요. 그 비밀은 바로 눈이 되어 주는 센서와 뇌가 되어 주는 인공 지능에 있어요!

센서(눈): 자율 주행차의 눈은 다양한 센서예요. 카메라, 레이더, 라이다 센서가 자동차 주변을 잘 볼 수 있게 도와줘요. 이 센서들은 도로, 보행자, 다른 자동차를 감지하고 알려 줘서 안전하게 운전할 수 있도록 해요.

인공 지능(뇌): 자동차 안에 있는 인공 지능(AI)은 똑똑한 뇌예요. 이 뇌는 센서들이 보내준 정보를 바탕으로 차가 어떻게 움직여야 할지를 스스로 결정해요. 예를 들어, 길에 장애물이 나타나면 피하는 방법을 찾아서 안전하게 주행할 수 있도록 돕죠!

창의 팡팡 마음껏 상상하고 표현해요!

만약 여러분이 자율 주행차를 가진다면, 만화방처럼 꾸며서 만화책을 보고 싶나요? 아니면 친구들과 보드게임을 즐기고 싶어요? 자율 주행차 안에서 어떤 경험을 하고 싶은지 아래에 써 보세요.

> **예시** 사이버캡 안이 만화방처럼 되어 있으면 좋겠어요! 제가 좋아하는 만화책이 잔뜩 있어서 친구랑 같이 만화책을 보면서 이동하면 심심하지 않을 거예요.

논술 똑똑 나의 의견을 논리적으로 표현해요!

자율 주행차는 차가 스스로 운전하는 미래 기술이에요. 그런데 정말 우리에게 꼭 필요할까요? 편리한 점도 있지만 걱정되는 부분도 있어요. 이 질문에 대한 내 생각을 정리하여 논리적으로 글을 써 보세요!

자율 주행차, 우리에게 꼭 필요할까?

찬성!

저는 자율 주행차가 필요하다고 생각해요. 첫째, 운전이 어려운 사람들도 안전하게 이동할 수 있어요. 둘째, 주차도 자동으로 해 줘서 편리해요. 편리한 점이 많기 때문에 자율 주행차가 우리에게 꼭 필요하다고 생각해요.

저는 자율 주행차가 필요하지 않다고 생각해요. 첫째, 만약 자율 주행 시스템에 오류가 생기면 큰 사고가 날 수 있어요. 둘째, 자율 주행차가 늘어나면 운전하던 사람들의 일자리가 줄어들게 돼요. 그래서 저는 자율 주행차가 오히려 문제를 일으킬 수 있기 때문에 아직 필요하지 않다고 생각해요.

반대!

과학

저기요?
사람이신가요, 로봇인가요?

보세요! 정말 사람처럼 걷죠?

📖 **읽기 전, 배경지식 쏙쏙!**

휴머노이드 로봇
인간의 형태와 닮은 로봇으로 사람처럼 걷기, 앉기, 물건 잡기, 표정 짓기 등의 동작을 할 수 있어요. 심지어 인공 지능을 탑재하여 상황을 판단하고 사람과 상호 작용할 수 있어요.

최근 열린 세계 최대 가전 전시회 'CES 2025'에서는 많은 로봇이 등장해 큰 주목을 받았어요. 특히, 사람처럼 생긴 휴머노이드 로봇들이 눈길을 끌었어요. 중국의 '엔진AI'는 키 170cm, 무게 55kg으로 사람과 비슷한 'SE01'을 공개했는데 거리를 걷는 모습이 인간과 <u>흡사</u>해 '옷만 걸치면 사람이 아니야?'는 반응도 나왔죠. 이 휴머노이드 로봇은 AI를 사용해 사람의 걸음을 따라 배우고, 그걸 더 잘하도록 강화하여 자연스럽게 걸을 수 있다고 해요.

대화만 하던 AI에서 이제는 사람을 닮은 로봇으로

지금까지 인공 지능은 주로 챗GPT처럼 사람과 대화하는 데 사용되었어요. 그런데 이제는 실제 몸을 가진 로봇으로 발전하고 있어요! 컴퓨터 속에서만 생각하던 AI가 이제는 우리 세상에서 직접 보고, 듣고, 움직이며 일할 수 있게 된 거지요. 로봇이 공장에서 일하거나, 병원에서 환자를 도와주고, 집에서 집안일을 도와주는 날이 곧 올 거예요. 전문가들은 2029년이 되면 로봇 시장이 지금보다 2배 이상 커질 것으로 예측했으며 휴머노이드 로봇이 본격적으로 쓰이기 시작하면, 스마트폰 탄생에 버금가는 <u>파급</u> 효과가 생길 수 있다고 보고 있어요. 새로운 세상이 열리는 것이지요.

중국이 앞서고 있다는데?

현재 중국에는 무려 80개의 휴머노이드 로봇 회사가 있다고 해요. 중국 기업들은 이미 휴머노이드 로봇을 대량 생산할 수 있는 시설을 운영하고 있고요. 걷고 대화하며 사람처럼 행동할 수 있는 로봇들을 개발하며 세계 시장을 <u>선도</u>하고 있답니다. 우리나라도 로봇 기술에 힘을 쏟고 있어요. 정부는 산업 발전을 위한 10대 중요 과제 중 하나로 휴머노이드 로봇을 선정하고, 더 많은 지원을 하겠다고 밝혔어요.

☑ 기사를 읽고 나의 느낌은? 흥미로워요 새로워요 공감해요 슬퍼요 화나요

내용 콕콕 내용 콕콕 잘 이해했는지, 신문의 중요한 내용을 콕콕 짚어 봐요!

✦ 신문의 내용과 맞으면 O 틀리면 X 하세요.

1. 휴머노이드 로봇은 사람과 생김새가 다른 로봇을 말해요. (   )
2. SE01은 사람과 달리 자연스럽게 걷지 못해요. (   )
3. 지금까지 인공 지능은 대화하는 기능만 있었지만, 이제는 몸을 가진 로봇으로 발전하고 있어요. (   )

✦ 빈칸에 아래 단어를 넣어 문장을 완성하세요.

| 휴머노이드 로봇 | 중국 | 사람 |

CES 2025에서 _____처럼 자연스럽게 걷는 중국의 _____ 'SE01'이 큰 화제를 모았어요. 현재 휴머노이드 로봇 시장에서 _____이 앞서가고 있어요.

어휘 쏙쏙 어휘를 알면 글이 더 쉬워져요!

✦ 어휘 풀이

흡사	마치 흡恰 같을 사似
	마치 거의 같을 정도로 비슷한 모양
파급	물결 파波 미칠 급及
	어떤 일이나 사건의 영향이 물결처럼 점점 퍼저 나감
선도	먼저 선先 인도할 도導
	앞장서서 이끌어 감

✦ 어휘 연습!

* 방탄소년단이 K-팝을 _____하며 전 세계에 한국 음악을 알렸어요.
* 로봇이 움직이는 모습이 _____ 진짜 사람 같아요!
* 인기 유튜버가 새로운 장난감을 소개하자, _____ 효과로 많은 아이가 따라 샀어요.

지식 톡톡 알면 알수록 재미있어요!

휴머노이드 로봇이 우리의 생활에 어떻게 쓰일까요?

의료 현장에서는 사람 대신 24시간 환자를 돌보고, 무거운 환자의 이동을 도우며, 감염 위험이 있는 환자의 치료를 도울 수 있어요. 우리 가정에서는 맛있는 요리를 만들고, 집 안 구석구석을 깨끗이 청소하며, 빨래도 척척 해내죠. 홀로 계신 어르신의 말동무가 되어 드리고, 건강도 챙겨 드릴 수 있어요. 또한 재난 현장에서는 사람이 들어가기 힘든 위험한 곳을 탐색하고 인명을 구조하는 중요한 임무도 수행하게 될 거예요. 이처럼 휴머노이드 로봇은 사람을 대신해서 위험하거나 힘든 일, 24시간 관리가 필요한 일들을 도맡아 하면서 우리의 삶을 더욱 안전하고 편리하게 만들어 줄 예정이에요.

창의 팡팡 마음껏 상상하고 표현해요!

나만의 휴머노이드 로봇을 상상해 볼까요? 내가 원하는 모습과 능력을 가진 로봇을 그림으로 그리고 로봇과 함께 하고 싶은 일도 이야기해 보세요.

나만의 로봇 상상하며 그리기

글쓰기 반짝 〔다양한 방법의 글쓰기를 해 봐요!〕

2040년, 휴머노이드 로봇과 함께하는 우리의 일상은 어떻게 달라져 있을까요? 아침에 눈을 뜨고 잠자리에 들 때까지, 로봇 친구와 함께하는 하루를 상상해 보세요. 로봇과 함께 보내는 놀라운 상상을 일기로 써 보세요!

 상상 미래 일기 **휴머노이드 로봇과 함께하는 2040년 미래 일기**

> 2040년 6월 15일 맑음
>
> 제목: 우리 집 로봇 마루
>
> 오늘 아침 우리 집 로봇 마루가 깨워 일어나 보니 내가 어제 부탁했던 팬케이크를 맛있게 차려 놓았다. 역시 마루의 요리 실력은 수준급! 블루베리 장식까지 완벽했다. 마루는 스쿠터 기능까지 있어서 매일 학교까지 나를 데려다준다. 걸어가면 15분이 걸리는데 마루가 데려다주면 1분 30초면 도착한다. 마루는 새로 나온 최신형 로봇이라 친구들이 부러워한다. 하루 종일 마루의 도움을 받고 있으면 마루가 없는 세상은 상상조차 할 수 없다. 이전 시대 사람들은 로봇 없이 어떻게 살았던 것일까?

과학

흑백 사진 속 독립운동가가 살아났다?!

더 궁금하다면?

대한민국 만세!
유관순의 만세
(1902~1920)

📖 **읽기 전, 배경지식 쏙쏙!**

AI 복원
인공 지능(AI)을 활용해 손상되거나 불완전한 것을 복구하는 기술을 말해요. 오래된 사진을 AI가 선명한 사진으로 복구하고 잡음이 많은 음성을 깨끗하게 만들어 주기도 해요. 훼손된 유물이나 작품을 AI를 통해 가상으로 복원하기도 하지요.

놀라운 변신! AI로 만난 웃는 **독립운동가**

광복절을 맞아 한 유튜버가 AI로 흑백 사진 속 독립운동가들의 표정을 환하게 웃는 모습으로 바꾸었어요. 무표정이었던 유관순 **열사**, 김구 선생님이 활짝 웃으며 만세를 부르는 모습으로 변신했답니다! AI 기술로 옛날 흑백 사진 속 인물들이 움직이고, 표정도 바꿀 수 있게 된 것이지요. 영상을 만든 이는 '그날의 시간에 멈춰 있는 독립운동가분들께 AI로 광복을 전해 드리면 기뻐하시지 않을까 생각해 만들었다.'고 했어요.

감동의 댓글 물결

많은 사람이 '감사합니다', '눈물이 났어요'라는 댓글을 달았어요. 밝게 웃는 독립운동가들의 모습에 모두 감동을 받았다고요. 영상에서는 독립운동가 안중근, 김구, 유관순, 김마리아, 홍범도, 윤봉길, 김원봉 선생님이 활짝 웃으며 양손을 머리 위로 올려 만세하는 모습이 담겼어요. '광복절만큼은 사진 속 무표정이 아닌 영상 속 미소처럼 울려 퍼지길 바라며, 대한민국 만세!'라는 메시지도 담겼어요. 영상은 하루 만에 12만 번이나 재생되었고 3,000개가 넘는 댓글이 달렸어요.

무엇을 상상하든 그 이상일 거야

요즘은 AI로 더 많은 걸 할 수 있어요. 3초면 뚝딱 멋진 음악을 만들어 낼 수 있고 직접 촬영하지 않아도 영화 같은 동영상도 만들 수 있죠. 실제로 AI가 그린 그림이나 음악이 대회에서 대상을 받는 바람에 깜짝 놀라는 일들도 있어요. AI는 지금 우리가 상상하는 그 이상으로 발전할 거예요.

내용 콕콕 내용 콕콕 잘 이해했는지, 신문의 중요한 내용을 콕콕 짚어 봐요!

✦ 신문의 내용과 맞으면 O 틀리면 X 하세요.

1. 영상 속 독립운동가들은 모두 무표정한 모습으로 등장했어요. (　　)
2. 영상을 보고 많은 사람이 감사와 감동의 댓글을 달았어요. (　　)
3. AI 기술로는 아직 음악이나 동영상을 만들 수는 없어요. (　　)

✦ 빈칸에 아래 단어를 넣어 문장을 완성하세요.

독립운동가	AI 기술	웃는	감동

_____로 움직이지 않는 흑백 사진 속 _____들의 무거운 표정을 활짝 _____ 모습으로 바꾼 영상이 많은 사람에게 _____을 주었어요.

어휘 쏙쏙 어휘를 알면 글이 더 쉬워져요!

✦ 어휘 풀이

독립운동가	홀로 독獨 설 립立 옮길 운運 움직일 동動 집, 사람 가家
	나라의 독립을 위해 힘쓴 분들
광복절	빛 광光 회복할 복復 마디, 절기 절節
	우리나라가 일본으로부터 독립한 것을 기념하는 날
열사	세찰 열烈 선비 사士
	나라를 위하여 절의를 굳게 지키며 충성을 다하여 싸운 사람

✦ 어휘 연습!

* 8월 15일은 _____이에요. 태극기를 달아야 해요.
* 유관순 _____는 독립을 위해 만세를 외치다가 목숨을 바치셨어요.
* _____들이 없었다면 지금 우리가 자유롭게 살 수 없었을 거예요.

지식 톡톡 알면 알수록 재미있어요!

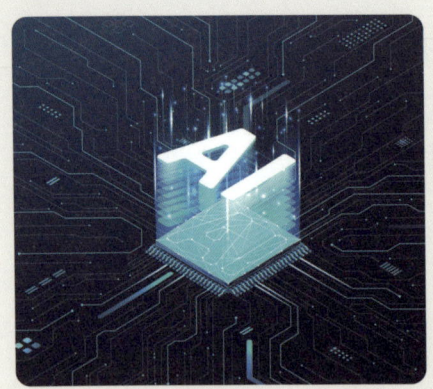

AI는 어떻게 학습할까요?

AI는 우리처럼 학교에 가서 공부하는 대신, 방대한 데이터(숫자, 글, 그림, 소리 등)를 분석하며 스스로 학습해요. 수많은 데이터를 통해 패턴과 규칙을 찾아내 배운답니다. 예를 들어, AI가 다양한 강아지 사진을 보며 강아지의 패턴을 익히는 거예요. 그럼 새로운 사진을 보고도 강아지인지 아닌지 잘 구분할 수 있어요. 이처럼 쉬운 일부터 배우기 시작한 AI는, 요즘에는 시를 쓰고, 그림을 그리는 등 새로운 것을 만들어 내는 생성형 AI로 활발히 사용되고 있어요. 그리고 AI 기술이 로봇에 적용되면서 사람처럼 생각하고 움직이며 실제로 일을 할 수 있는 '휴머노이드 로봇'도 만들어지고 있어요.

생활 쏙쏙 생활 속에서 신문의 내용을 쏙쏙 찾아봐요!

어머, 이것도 다 AI라고?

사실 우리 생활 속에는 이미 많은 AI가 숨어 있어요. 우리가 매일 사용하는 기술 속 AI를 찾아보는 건 어떨까요? 아래에서 내가 실제로 경험한 것을 체크해(☑)보세요!

- ☐ **스마트폰 카메라:** 얼굴을 예쁘게 만들어 주거나 불필요한 배경만 지우는 기능
- ☐ **번역기 AI:** 외국어를 바로바로 번역해 주는 앱(예 파파고, 구글 번역)
- ☐ **유튜브 AI:** 내가 좋아할 만한 영상을 추천해 주는 알고리즘
- ☐ **쇼핑 AI:** 쇼핑몰에서 내가 관심 있어 하는 상품을 보여 주는 기능
- ☐ **게임 속 AI:** 혼자 게임을 할 때 상대 역할을 해 주는 캐릭터
- ☐ **스마트 스피커:** "음악 틀어 줘!" 하면 바로 실행하는 똑똑한 기기
- ☐ **로봇 청소기:** 알아서 집안을 돌아다니며 청소해 주는 기기
- ☐ **내비게이션 AI:** 가장 빠른 길을 안내해 주는 앱(예 T맵, 카카오내비)

논술 똑똑 나의 의견을 논리적으로 표현해요!

AI로 오래된 독립운동가의 흑백 사진을 환하게 웃는 모습으로 바꿨던 것처럼, 여러분도 살아 움직이게 하고 싶은 사진이 있나요? 특별한 사진이 살아 움직인다면 어떤 느낌일지 생각을 정리해 논리적으로 글을 써 보세요!

움직이게 하고 싶은 나의 특별한 사진은?

✦ **3단계 초 간단 논술 쓰기**

1단계	2단계	3단계
사진 소개하기	선택 이유 쓰기	느낌 상상하기

예시

[1] 우리 집 액자에 있는 할아버지 사진을 움직이게 하고 싶어요. [2] 제가 태어나기 전에 돌아가셔서 실제 할아버지를 뵌 적이 없거든요. [3] 사진이 움직인다면 할아버지가 환하게 웃으시고 손을 흔들어 주셔서 행복할 것 같아요.

✦ **3단계 초 간단 논술 쓰기 방법에 맞춰 내 의견을 써 볼까요?**

★ 사진 소개하기

★ 선택 이유 쓰기

★ 느낌 상상하기

과학

기분을 '업' 시키고 싶다면 옷 색깔을 바꾸세요!

오늘은 어떤 색깔의 옷을 입을까?

📖 **읽기 전, 배경지식 쏙쏙!**

기분
주변 환경이나 상황에 따라 생기며, 유쾌함, 불쾌함, 우울함 같은 감정이 일정 기간 지속되는 마음의 상태예요. 기분은 상황, 관계, 날씨, 음식, 음악 등에 따라 영향을 받고 자주 변하곤 해요.

오늘은 무슨 색이 좋을까?
색깔이 우리의 기분에 큰 영향을 미친다는 사실을 알고 있나요? 예를 들어, 빨간색을 입으면 에너지가 넘치고, 파란색은 편안함을 주지요. 노란색은 행복을, 초록색은 안정감을 느끼게 해요. 우리가 어떤 색을 입느냐에 따라 오늘의 기분이 달라질 수 있어요.

집안의 색깔도 내 기분에 맞게!
미국 정신 건강 협회(MHA)는 집의 색깔도 기분에 영향을 준다고 했어요. 색상을 알맞게 선택하고 **배치**하는 것을 통해 기분을 변화시킬 수 있어요. 예를 들어, **활력**이 필요할 땐 따뜻한 색상인 빨간색, 노란색, 주황색을 배치해요. 안정감을 원할 때는 파란색, 초록색을 두는 거예요.

알록달록한 색으로 **도파민**이 팡팡!
중국에서는 '도파민룩'이라는 매우 밝고 화려한 색깔의 옷을 입는 유행이 퍼지기도 했어요. 형광 민트색, 노란색, 빨간색 같은 알록달록한 옷을 입어 입는 사람도 또 보는 사람도 도파민이 팡팡 뿜어져 나오는 패션을 가리킨답니다. 중국 매체에서는 '도파민룩의 유행은 나이를 초월한다.'면서 SNS에서 핑크색 재킷, 초록색 티셔츠, 파란색 멜빵 바지 등 도파민룩을 뽐내 큰 인기를 얻은 86세 강강 할아버지를 소개하기도 했어요.

업↑ 다운↓ 내 기분은 색깔과 관련이 있죠
이처럼 색깔은 단지 예쁘기만 한 것이 아니에요. 기분을 바꾸는 힘을 가지고 있답니다. 색깔을 잘 활용하면 오늘 하루도 더 즐겁고 기분 좋게 보낼 수 있어요!

☑ 기사를 읽고 나의 느낌은? 😮 흥미로워요 새로워요 공감해요 슬퍼요 화나요

내용 콕콕
내용 콕콕 잘 이해했는지, 신문의 중요한 내용을 콕콕 짚어 봐요!

✦ 신문의 내용과 맞으면 O 틀리면 X 하세요.

1. 색깔은 우리의 기분에 큰 영향을 미치지 않아요. (　　　)
2. 미국 정신 건강 협회(MHA)에 따르면, 집의 색깔도 우리의 기분에 영향을 줘요. (　　　)
3. 도파민룩은 매우 차분하고 안정감을 주는 색깔의 옷을 입는 것을 말해요. (　　　)

✦ 빈칸에 아래 단어를 넣어 문장을 완성하세요.

| 색깔 | 기분 | 안정감 | 전환 |

　　　　　은 우리의　　　　　에 큰 영향을 미치며, 특정 색깔을 활용하면 기분을　　　　　하거나　　　　　을 주는 데 도움이 될 수 있어요.

어휘 쏙쏙
어휘를 알면 글이 더 쉬워져요!

✦ 어휘 풀이

배치	짝 배配　둘 치置
	사람이나 물건 등을 짝을 이루는 것처럼 알맞은 자리에 나누어 두는 것
활력	살 활活　힘 력力
	살아 움직이는 힘, 에너지와 생동감을 나타내는 상태
도파민	기분이 좋거나 즐거울 때 우리 몸에서 나오는 신호 물질

✦ 어휘 연습!

* 아침 운동을 하고 나니 하루 종일　　　　　이 넘쳤어요.
* 기분을 좋게 만들고 싶을 때는, 방에 노란색 쿠션을　　　　　해 보세요.
* 　　　　　은 '기분 좋다!'고 느낄 때 우리 몸에서 생기는 물질이에요.

지식 톡톡 알면 알수록 재미있어요!

- **빨강**: 열정, 에너지, 식욕 자극
- **파랑**: 평온, 안정감, 집중력
- **초록**: 휴식, 안정, 창의력
- **노랑**: 행복, 기쁨, 창의력
- **보라**: 고급스러움, 신비로움
- **주황**: 활력, 즐거움
- **검정**: 고급스러움, 권위
- **흰색**: 순수, 청결, 자유로움
- **회색**: 중립적, 차분함
- **분홍**: 사랑, 부드러움, 친밀감

창의 팡팡 마음껏 상상하고 표현해요!

색깔마다 주는 기분이 다르다는 걸 알게 되었어요. 이제 아래 그림을 오늘 내 기분에 맞는 색깔로 색칠해 보세요!

글쓰기 반짝 다양한 방법의 글쓰기를 해 봐요!

여러분은 이제 색깔 전문가인 컬러리스트가 되어 볼 거예요! 의뢰인들의 고민을 해결할 수 있도록 필요한 색깔을 추천해 보는 글을 써 보세요!

색깔 추천하기 당신의 고민에 필요한 색깔을 추천해 드릴게요!

 시험을 앞둔 학생
공부를 해야 하는데 스트레스가 쌓여 집중이 잘 안돼요!

 색깔 전문가
안녕하세요, 시험 기간을 앞두고 있다고 들었어요. 집중도 잘 안되고 긴장도 많이 되죠? 저는 공부방 벽지로 초록색을 추천해 드려요. 초록색은 자연의 색이라서 마음을 편안하게 해 주면서도 공부할 때 집중력도 높여 준답니다.

✦ 아래 의뢰인 중 한 명을 선택해 그에 맞는 색깔을 추천해 주세요.

발표할 때 자신감을 주는 옷 색깔이 필요해요.
다음 주에 발표가 있는 학생

눈의 피로를 풀어 줄 색깔이 필요해요.
장시간 컴퓨터를 보는 회사원

매일 육아로 지쳐서 활기가 없어요.
아기를 키우는 아주머니

★ 내가 선택한 의뢰인 ✎ _____

★ 필 요 한 색 깔 ✎ _____

★ 상 담 내 용 ✎ _____

_____

과학

아낌없이 주는 우리나라 첫 달 탐사선 '다누리'!

내 이름처럼 정말 달을 다 누리고 있어!

📖 읽기 전, 배경지식 쏙쏙!

다누리

우리나라 최초의 달 탐사선으로, 달을 연구하는 임무를 수행하고 있어요. 이름은 '달'과 '누리다'는 뜻이 합쳐져 '달을 남김없이 모두 누리고 오라'는 마음과 최초의 달 탐사가 성공적이길 기원하는 의미가 담겨 있어요.

일 잘하는 다누리!

2022년 8월 5일 우리나라의 첫 달 **탐사선** '다누리'가 우주로 힘차게 날아간 후 계획된 1년 동안의 임무를 훌륭히 마쳤어요. 현재 연장된 임무도 성공적으로 수행 중이죠. 최근 우주항공청이 다누리의 상태와 연료량을 분석해 보니, 앞으로 2년 더 추가 임무가 가능하대요! 원래 계획했던 1년을 훨씬 넘어 5년 이상 일하는 우리 다누리, 너무 대견하죠?

더 가까이 가서 달을 볼 거예요

다누리는 현재 100km 상공에서 달을 관찰 중이지만, 곧 60km까지 접근해 더욱 자세히 살펴볼 예정이에요. 이후에는 연료를 거의 쓰지 않고도 돌 수 있는 '동결 **궤도**(궤도 수정 없이 안정적으로 유지할 수 있는 궤도)'로 이동해, 오랫동안 달 주위를 돌며 연구를 계속해요.

다누리와 헤어지는 법

우주선이 **작별**하는 방법에는 두 가지가 있어요. 첫 번째 방법은 먼 우주로 보내는 것이고, 두 번째 방법은 달에 직접 충돌시키는 것이죠. 다누리는 두 번째 방법으로 헤어질 예정이에요.

아낌없이 주는 다누리

사실 우주로 멀리 보내면 우주 쓰레기가 되지만, 달에 충돌하면 오히려 새로운 연구 기회를 만들 수 있어요! 실제로 2009년, NASA도 '엘크로스(LCROSS) 실험'에서 일부러 탐사선을 달에 충돌시킨 적이 있어요. 그때 생긴 먼지를 분석해서 달 남극에 물이 존재한다는 중요한 사실을 밝혀냈지요! 다누리도 2028년 3월 마지막 순간까지 달을 관찰하며, 우리에게 소중한 데이터를 전해줄 거예요.

☑ 기사를 읽고 나의 느낌은? 흥미로워요  새로워요 공감해요 슬퍼요 화나요

내용 콕콕 내용 콕콕 잘 이해했는지, 신문의 중요한 내용을 콕콕 짚어 봐요!

✦ **신문의 내용과 맞으면 O 틀리면 X 하세요.**

1. 다누리는 임무를 마치고 지구로 돌아올 예정이에요. (   )

2. 다누리는 현재 100km 상공에서 달을 관찰하고 있으며, 앞으로 60km까지 더 가까이 접근할 예정이에요. (   )

3. 임무를 다한 다누리는 먼 우주로 보내질 예정이에요. (   )

✦ **빈칸에 아래 단어를 넣어 문장을 완성하세요.**

| 다누리 | 충돌 | 탐사선 |

_____는 2022년 발사된 우리나라 최초의 달 _____으로, 임무를 모두 수행한 뒤 달에 _____하며 마지막 연구 데이터를 남길 예정이에요.

어휘 쏙쏙 어휘를 알면 글이 더 쉬워져요!

✦ **어휘 풀이**

탐사선	찾을 탐探 조사할 사査 배 선船
	우주, 바다, 행성 등을 찾아 조사하기 위해 보내는 특별한 우주선이나 배
궤도	바퀴자국 궤軌 길 도道
	수레바퀴가 지나간 길처럼 물체가 일정한 힘에 의해 움직이는 길
작별	지을 작作 나눌 별別
	인사를 나누고 헤어짐 또는 그 인사

✦ **어휘 연습!**

∗ 졸업식에서 선생님과 친구들에게 _____ 인사를 했어요.

∗ 다누리는 우리나라 최초의 달 _____이에요.

∗ 지구는 태양의 _____를 따라 1년 동안 한 바퀴를 돌아요.

107

지식 톡톡 알면 알수록 재미있어요!

다누리의 여정을 소개합니다!

2022년 8월	지구에서 출발! 빠른 길 대신, 연료 절약을 위해 멀리 돌아가는 경로 선택
2022년 10월	달로 가는 길에서 세계 최초 지구-달 간 우주 인터넷 시험 성공! (BTS '다이너마이트' 영상 등 전송)
2022년 12월	달 궤도 진입 성공! (세계 7번째)
2023년	한국 최초로 달의 뒷면 촬영 성공! 달 남극의 영구 음영 지역 촬영 성공!
2024년~현재	달 자원 지도 제작, 자기장 변화와 우주 방사선 관측 중 미래 한국 달 착륙선의 착륙 후보지 탐색 진행 중
2028년 3월	달 표면에 충돌하며 마지막 임무를 수행할 예정

▶ 생일: 2022년 8월 5일
▶ 크기: 가로 2.14m × 세로 2.24m × 높이 1.92m
▶ 무게: 678kg
▶ 속도: 달 주위를 2시간에 한 바퀴 (시속 약 7,500km)

다누리가 더 궁금하다면?

생활 쏙쏙 생활 속에서 찾아봐요!

✦ **인류는 왜 계속 힘들게 우주로 나가려는 것일까요?**

1. **우리의 미래 에너지원을 찾고 있어요.**
   - 지구의 자원은 한정되어 있어요. 하지만 우주에는 헬륨-3, 희토류 같은 광물이 있죠.

2. **혹시 미래에 우리가 살게 될 곳일지도 몰라요.**
   - 기후 변화나 자연재해로 인해 먼 미래에는 지구를 떠나야 할 수도 있어요. 그래서 과학자들은 달이나 화성 같은 곳에 인간이 살 수 있는지 연구 중이죠.

3. **우주는 넓고 우리가 아는 것은 일부예요.**
   - 아직은 잘 알 수 없는 외계 생명체, 새로운 행성, 우주 바다, 블랙홀의 비밀을 찾고 있어요.

글쓰기 반짝 다양한 방법의 글쓰기를 해 봐요!

다누리가 마지막 임무를 앞두고 지구에게 편지를 보냈어요. 여러분이라면 다누리에게 어떤 답장을 해 주고 싶나요? 고마운 마음, 응원의 메시지를 담아 다누리에게 편지를 써 보세요!

 편지 쓰기 다누리가 보낸 마지막 편지에 답장을 써 볼까?

> 안녕, 나는 다누리야.
>
> 나는 2022년 푸른 별 지구를 떠나 달에 왔어. 달의 뒷면을 촬영하고, 자원을 조사하며 바쁘게 지냈어. 그리고 다음번에 올 달 착륙선이 달에 잘 착륙할 수 있도록 착륙 후보지를 탐색하고 있지. 이제 나의 마지막 임무가 다가와. 2028년, 나는 달에 부딪힐 거야. 그리고 마지막 순간까지 데이터를 보낼 거야. 나는 사라져도, 내가 남긴 정보는 지구에서 오래도록 쓰이겠지? 달에서 보면 지구는 정말 아름다워. 이곳 달도 무척 신비롭단다. 나는 비록 사라지지만 부디 날 꼭 기억해 줘. 안녕!
>
>   - 달을 마음껏 누비는 다누리가 -
>
>   추신! 이곳에서 찍은 달과 지구 사진을 보내 줄게.

▲ 달 표면에서 본 개기일식 중인 지구!

과학

춤추는 거북은 내비게이션이 필요 없대요.

더 궁금하다면?

후훗, 내가 춤을 추면 먹이가 있는 길을 찾은 거야!

📖 **읽기 전, 배경지식 쏙쏙!**

자기장
자석이나 전기가 흐르는 곳에서 생기는 보이지 않는 힘의 영역이에요. 이 영역에서는 물체를 끌어당기거나 밀어내는 자기력이 작용해요.

바다거북은 최대 12,874km에 달하는 바다를 이동해요. 먹이가 풍부한 곳으로 헤엄쳐 가서 살다가, **번식기**가 되면 자신이 태어난 해변으로 돌아와 알을 낳는 것을 반복하죠. 이런 동물을 **회유성 해양 동물**이라고 해요. 하지만 내비게이션도 없고 지도도 없는 바다거북이 어떻게 드넓은 바다에서 길을 잃지 않고 자신이 태어난 해변으로 돌아오는 걸까요?

너의 길 찾는 방법을 알고 싶어

미국 텍사스 A&M대학교 연구진은 바다거북의 길 찾기 실험을 위해 높이 2.4~3m의 대형 수조 두 개를 특수 제작했어요. 이 수조에는 대형 코일을 이용해 각각 다른 지역의 자기장 신호 환경을 만들었지요. 노스캐롤라이나 해변에서 갓 태어난 작은 바다거북들을 두 수조에 넣고, 한쪽 수조에만 먹이를 주었답니다.

춤추는 거북이!

그런데 정말 재미있는 일이 일어났어요! 먹이를 준 수조의 거북이는 자기장 환경에 익숙해진 뒤 특별한 행동을 보였어요. 물 밖으로 머리를 내밀고 입을 벌린 채 앞발을 빠르게 움직이며 제자리에서 빙글빙글 돌았어요. 먹이를 주는 자기장 신호를 감지했을 때 먹이에 대한 기대감을 춤으로 표현했던 거예요. 연구진은 이 행동이 마치 춤을 추는 것 같다고 해서 '거북이 춤'이라고 이름 붙였지요.

먹이가 있는 자기장을 기억해

이 실험을 통해 바다거북이 자기장 차이를 구별하고 먹이와 연결해서 학습한다는 사실이 밝혀졌어요. 고포스 박사는 "마치 우리가 좋아하는 피자 가게 위치를 기억하는 것과 같다."라고 설명했어요.

✅ 기사를 읽고 나의 느낌은? 😮 흥미로워요  새로워요 공감해요  슬퍼요 화나요

내용 콕콕
내용 콕콕 잘 이해했는지, 신문의 중요한 내용을 콕콕 짚어 봐요!

✦ **신문의 내용과 맞으면 O 틀리면 X 하세요.**

1. 바다거북은 한 번 이동하면 다시는 같은 곳으로 돌아오지 않아요. (　　)
2. 미국 텍사스 A&M대학교 연구진은 바다거북이 별을 보고 길을 찾는다는 사실을 밝혀냈어요. (　　)
3. 연구진은 바다거북이 물 밖으로 머리를 내밀고 앞발을 빠르게 움직이는 행동을 '거북이 춤'이라고 이름 붙였어요. (　　)

✦ **빈칸에 아래 단어를 넣어 문장을 완성하세요.**

| 자기장 | 회유성 | 바다거북 | 길 |

_____은 먹이터와 번식지를 오가는 _____ 해양 동물로, _____을 기억해 _____을 찾는다는 사실이 연구를 통해 밝혀졌어요.

어휘 쏙쏙
어휘를 알면 글이 더 쉬워져요!

✦ **어휘 풀이**

번식기	많을, 번성할 번繁　불릴 식殖　기약할, 기간 기期
	동물이 새끼를 낳거나 알을 낳는 시기
회유성	돌아올 회回　헤엄칠 유游　성품 성性
	물고기가 알을 낳거나 먹이를 찾기 위해, 일정한 진로를 되돌아 헤엄쳐 가거나 오는 성질
해양 동물	바다 해海　큰 바다 양洋　움직일 동動　물건 물物
	바다나 해양 환경에서 서식하며 살아가는 동물

✦ **어휘 연습!**

* 참치는 _____ 물고기로, 먹이를 찾아 수천 킬로미터를 이동해요.
* 돌고래는 바다에서 살아가는 _____이에요.
* _____가 되면 바다거북은 자신이 태어난 해변으로 돌아와 알을 낳아요.

지식 톡톡 알면 알수록 재미있어요!

자기장은 눈에 보이지 않지만 엄청난 힘을 가졌죠!

자기장은 자석이 다른 물체를 끌어당기거나 밀어내는 보이지 않는 힘이에요. 예를 들어, 냉장고 문에 자석이 붙는 것이나 가방의 자석 단추가 저절로 닫히는 것도 같은 원리죠. 지구도 거대한 자석처럼 자기장을 가지고 있어요. 지구의 중심부에는 뜨거운 철과 니켈이 계속 움직이며 전류를 발생시키고, 이 전류가 지구 전체에 자기장을 형성해요. 이 자기장 덕분에 나침반 바늘이 항상 북쪽을 가리킬 수 있어요.

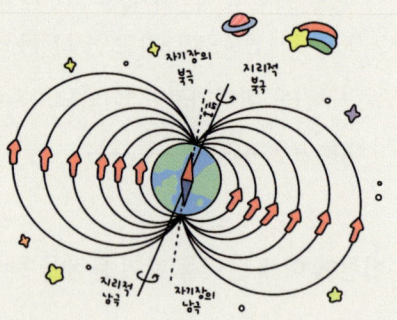

바다거북, 철새와 같은 일부 동물들은 자기장을 감지해 길을 찾는 것으로 알려져 있으며, 연구가 계속되고 있어요. 또한 지구 자기장은 태양에서 날아오는 강한 입자(태양풍)를 막아 지구의 대기를 보호하는 역할을 해요.

생활 쏙쏙 생활 속에서 찾아봐요!

우리 주변에서 쓰이는 자기장

- **냉장고 자석과 칠판 자석:** 냉장고 문과 칠판의 표면에는 자석이 붙을 수 있도록 금속이 포함되어 있어서, 자석이 단단히 붙을 수 있어요.
- **교통 카드:** 단말기의 자기장이 카드 속 칩과 반응해서 정보를 주고받아요.
- **무선 충전기:** 충전 패드에서 만든 자기장이 스마트폰 속 코일에 전기를 만들어 배터리를 충전해요.
- **자기 부상 열차:** 강한 자기장의 힘이 열차를 들어 올려 바퀴 없이 공중에 떠서 달려요.
- **스피커와 헤드폰:** 스피커 내부의 자석이 전류와 반응하면서 진동을 만들어 내고, 이 진동이 공기를 흔들어 소리가 나요.
- **병원에서 MRI(자기 공명 영상):** 강한 자기장으로 몸속의 작은 물질들이 반응하면, 그 신호를 모아 우리 몸속을 자세히 사진으로 찍어요.
- **나침반:** 나침반 바늘 속의 작은 자석이 지구 자기장과 반응하여 북쪽을 가리켜요.
- **지구의 오로라(북극광, 남극광):** 지구 자기장이 태양에서 날아오는 강한 입자를 막아 주면서, 극지방에서 아름다운 오로라가 만들어져요.

논술 똑똑 나의 의견을 논리적으로 표현해요!

우리 주변에는 자기장을 이용한 물건이 많아요. 새롭게 자기장을 이용한 물건을 알게 됐나요? 그 물건을 사용했던 경험을 떠올려 논리적으로 글을 써 보세요!

 아니, 이것도 자기장을 이용한 거라고?

✦ **3단계 초 간단 논술 쓰기**

1단계	2단계	3단계
자기장이 쓰인 물건 소개하기	사용 방법 알려 주기	느낀 점 말하기

예시

자기장이 쓰인 물건: 교통 카드

[1]버스를 탈 때 찍는 교통 카드는 단말기의 자기장이 카드 속 칩과 반응해서 정보를 주고받는 것이라고 해요. [2]교통 카드를 가져다 대면 "삑!" 소리가 나면서 요금이 자동으로 나가더라고요. 너무 신기했어요! [3]자기장 기능을 이용한 교통 카드 덕분에 현금 준비할 필요 없이 빠르고 편리하게 버스를 탈 수 있어서 정말 좋아요!

✦ **3단계 초 간단 논술 쓰기 방법에 맞춰 내 의견을 써 볼까요?**

★ 물 건 이 름 ✎ _____

★ 물건 소개하기 ✎ _____

★ 사용 방법 알려 주기 ✎ _____

★ 느낀 점 말하기 ✎ _____

세계

트럼프!
미국을 다시 위대하게!

📖 읽기 전, 배경지식 쏙쏙!

도널드 트럼프
미국의 제45대 대통령을 지냈으며, 다시 제47대 대통령으로 취임한 인물이에요. 원래 미국의 성공한 기업가 출신으로 무엇보다 미국의 국익을 먼저 생각하는 대통령이에요.

트럼프의 귀환

2025년 1월 20일, 도널드 트럼프 전 대통령이 제47대 미국 대통령으로 취임했어요. 그는 "미국을 다시 위대하게!(Make America Great Again)"라는 구호를 외치며, '미국 우선주의(America First)' 정책을 강조했답니다. 이는 다른 나라보다 미국의 이익을 먼저 생각하겠다는 의미예요.

바다 이름도 '미국만'으로 바꾼다고?

트럼프 대통령은 취임 첫날부터 미국과 멕시코 사이에 있는 큰 바다 이름을 '멕시코만'에서 '미국만'으로 바꾸겠다고 발표했어요. 또, 파나마 운하라는 중요한 배 다니는 길을 현재 중국이 관리하고 있는데, 미국이 다시 그곳을 관리하겠다고 했죠.(파나마 운하는 배들이 대양 사이를 빠르게 오갈 수 있도록 만들어진 인공 수로랍니다!) 이는 미국의 이익을 위해서라면 주변 나라들과의 갈등도 피하지 않겠다는 뜻이에요.

외국 물건엔 세금을 더 매길 거예요!

그는 외국에서 들어오는 물건에 더 높은 세금을 매기겠다고 했어요. 미국에서 만든 물건을 더 많이 팔고, 미국 기업들을 보호하겠다는 의미죠. 이 발표에 다른 나라들은 깊은 우려를 표하거나 반발하는 등 전 세계가 긴장했어요.

전 세계가 주목하고 있어요!

미국은 세계에서 가장 강한 나라이기 때문에, 트럼프 대통령의 결정은 세계 경제에 큰 영향을 줄 거예요. 어떤 나라는 걱정하고, 어떤 나라는 불만을 나타내며, 모두가 미국의 다음 행보를 지켜보고 있답니다.

☑ 기사를 읽고 나의 느낌은? 흥미로워요 새로워요 공감해요 슬퍼요 화나요

내용 콕콕 내용 콕콕 잘 이해했는지, 신문의 중요한 내용을 콕콕 짚어 봐요!

✦ **신문의 내용과 맞으면 O 틀리면 X 하세요.**

1. 도널드 트럼프는 2025년 제47대 미국 대통령으로 취임했어요. (   )
2. 트럼프는 외국에서 들어오는 물건에 대해 세금을 낮추겠다고 했어요. (   )
3. 트럼프의 정책은 다른 나라들이 모두 환영하는 분위기예요. (   )

✦ **빈칸에 아래 단어를 넣어 문장을 완성하세요.**

| 트럼프 | 우선시 | 미국 | 47 |

_____대통령은 2025년 제_____대 미국 대통령으로 취임했으며, 다른 나라보다 _____을 _____하는 정책을 시작했어요.

어휘 쏙쏙 어휘를 알면 글이 더 쉬워져요!

✦ **어휘 풀이**

취임	나아갈 취就 맡길 임任
	맡은 자리에 나아가 처음으로 임무를 봄
구호	입 구口 이름, 부르짖을 호號
	특정한 목적을 이루기 위해 사람들이 입으로 외치는 짧고 강렬한 문구
행보	다닐 행行 걸음 보步
	어떤 목표를 향해 걸어서 나아감

✦ **어휘 연습!**

★ 이번 체육 대회에서 우리 반 _____는 '승리는 우리의 것!'이에요.

★ 새로 _____하신 교장 선생님은 우리를 향해 밝게 웃어 주셨어요.

★ BTS는 유니세프와 함께 아동 폭력을 없애기 위한 따뜻한 _____를 이어 가고 있어요.

지식 톡톡 — 알면 알수록 재미있어요!

미국 대통령들은 취임할 때마다 그 시대의 과제와 국민들의 열망을 담은 구호를 내걸었어요. 그 구호 속에는 그 시대 미국이 겪고 있던 어려움과 국민들의 바람이 담겨 있어요. 몇몇 역대 대통령들의 구호를 알아볼까요?

빌 클린턴 (제42대 대통령, 1993-2001)
구호: "경제가 핵심이야, 바보야(It's the Economy, Stupid!)"
➡ 미국 경제가 어려워지자, 경제 회복이 가장 중요하다는 점을 강조했어요.

버락 오바마 (제44대 대통령, 2009-2017)
구호: "우리는 할 수 있다!(Yes, We Can!)"
➡ 미국 최초의 흑인 대통령으로서 인종 차별 없는 새로운 미국을 만들자는 희망을 전했어요.

조 바이든 (제46대 대통령, 2021-2025)
구호: "더 나은 재건(Build Back Better)"
➡ 코로나19 이후 미국의 경제와 사회를 새롭게 재건하겠다는 의미를 담았어요.

생활 쏙쏙 — 나의 생활과 연결해요!

'미국 우선주의'의 트럼프 대통령은 우리나라를 향해서는 어떤 이야기를 하고 있을까요?

1. 주한 미군 비용을 더 많이 내!
　트럼프 대통령은 '한국은 부유한 나라'라면서 '한국에 주둔하는 미군의 비용을 더 많이 내야 한다.'고 말해요. 우리나라는 계속 비용을 분담해 왔고, 2026년부터 적용될 방위비 분담금은 1조 5,192억 원이에요. 하지만 트럼프는 이보다 훨씬 더 큰 비용을 요구하고 있어요.

2. 세금도 많이 내!
　트럼프 대통령은 미국으로 수출하는 나라들에 더 높은 세금을 매기겠다고 해요. 그러면 자동차나 전자 제품 가격이 올라 미국에서 한국을 비롯한 여러 나라의 제품을 사기 어려워질 수 있어요. 결국, 우리나라 기업들의 수출이 줄어들고 경제에도 영향을 줄 거예요.

논술 똑똑 나의 의견을 논리적으로 표현해요!

트럼프 대통령은 '미국을 먼저!'라는 생각으로 자국 우선 정책을 펼치고 있어요. 그런데 다른 나라들과의 관계가 중요하다고 생각하는 사람들도 있어요. 만약 여러분이 대통령이라면 어떻게 할 것인지 생각과 이유를 잘 정리해 논리적으로 글을 써 보세요!

 우리나라가 먼저지! vs 다른 나라와 잘 지내야….

자국 우선

우리나라가 제일 중요해요.
제가 대통령이 된다면 우리나라를 가장 먼저 생각해야 한다고 생각해요. 왜냐하면 대통령은 자기 나라 국민을 위해 일하는 사람이기 때문이에요. 예를 들어, 우리나라 사람들이 잘 살기 위해서는 우리 기업과 일자리를 먼저 챙겨야 해요.

다른 나라와의 관계가 중요해요.
제가 대통령이 된다면 다른 나라와 사이좋게 지내는 게 중요하다고 생각해요. 요즘은 서로 도우며 살아가는 시대이기 때문이에요. 예를 들어, 환경 문제나 전쟁 같은 일은 여러 나라가 힘을 합쳐야 해결할 수 있어요.

관계 우선

아시나요? 베트남엔 고양이띠, 일본엔 멧돼지띠가 있어요!

읽기 전, 배경지식 쏙쏙!

띠
쥐(자), 소(축), 호랑이(인), 토끼(묘), 용(진), 뱀(사), 말(오), 양(미), 원숭이(신), 닭(유), 개(술), 돼지(해) 등 열두 동물이 1년씩 돌아가며 그 해를 대표하는 문화로, 한국을 비롯한 아시아 여러 나라에 있는 문화예요.

자축인묘진사오미신유술해! 마치 무슨 주문 같지만, 주문이 아니에요. 쥐, 소, 호랑이 등 열두 동물이 해마다 돌아가면서 그 해를 대표하는 우리의 띠 문화예요. 2025년은 '푸른 뱀'의 해, 2026년은 '붉은 말'의 해예요. 이러한 띠 문화는 우리나라뿐 아니라 음력 설을 쇠는 다른 아시아 나라들에서도 볼 수 있어요. 그런데 재미있게도 나라마다 대표 동물들이 조금씩 다르답니다!

우린 토끼보단 고양이를 좋아해
베트남에서는 토끼 대신 고양이가 있어요. 왜 그럴까요? 베트남은 농사를 많이 짓는 나라인데, 토끼는 농작물을 해치지만 고양이는 오히려 쥐를 잡아 주어서 도움이 되기 때문이랍니다.

우린 '나가'가 있지
태국에서는 용 대신 '나가'라는 동물이 있어요. 나가는 신비한 힘을 가진 거대한 뱀으로, 태국 사람들에게 아주 특별한 동물이랍니다.

우린 멧돼지가 많거든
일본에서는 돼지 대신 멧돼지가 있어요. 옛날 일본에는 집에서 기르는 돼지보다 산에 사는 멧돼지가 더 많았기 때문이래요.

나라마다 환경이 다르니까
이처럼 각 나라는 그 나라 사람들에게 친숙하고 의미 있는 동물을 골라 자신들만의 특별한 띠 문화를 만들었답니다. 같은 해라도 나라마다 다른 동물이 그 해를 대표한다니 재미있지 않나요?

내용 콕콕 내용 콕콕 잘 이해했는지, 신문의 중요한 내용을 콕콕 짚어 봐요!

✦ 신문의 내용과 맞으면 O 틀리면 X 하세요.

1. '자축인묘진사오미신유술해'는 주문이에요. (   )
2. 2025년은 '푸른 뱀'의 해이고, 2026년은 '붉은 말'의 해예요. (   )
3. 베트남에서는 토끼 대신 고양이가 띠 동물로 사용돼요. (   )

✦ 빈칸에 아래 단어를 넣어 문장을 완성하세요.

| 열두 | 동물 | 한 해 | 띠 |

아시아에는 _____ 동물이 _____ 를 대표하는 _____ 문화가 있어요.
하지만 각 나라의 상황에 따라 띠 _____ 이 조금씩 다를 수도 있어요.

어휘 쑥쑥 어휘를 알면 글이 더 쉬워져요!

✦ 어휘 풀이

띠	사람이 태어난 해를 열두 동물의 이름으로 이르는 말
음력	그늘 음陰 책력 력曆
	달이 한 바퀴 도는 시간을 기준으로 만든 달력
농작물	농사 농農 지을 작作 물건 물物
	논밭에 심어 농사지은 곡식이나 채소

✦ 어휘 연습!

* 우리 할머니는 _____ 으로 생신을 챙기셔. 그래서 매년 생신 날짜가 달라.
* 여름에는 햇볕을 많이 받아서 고구마, 옥수수, 상추 등 _____ 이 쑥쑥 자라요.
* 2025년의 _____ 는 푸른 뱀이야! 뱀처럼 지혜로운 한 해가 되길 바라는 소망이 담겨 있지.

지식 톡톡 알면 알수록 재미있어요!

재미있는 열두 띠 이야기

옥황상제가 땅을 다스리는 직책을 맡기기 위해 동물들을 불렀어요. 도착 순서에 따라 순위가 정해지는 것이었죠. 달리기 시합 전날 밤, 모든 동물이 깊은 잠에 빠져 있을 때 가장 부지런한 소가 제일 먼저 출발했어요. 날이 밝아올 즈음 소는 결승선에 거의 다다랐어요. 1등이 되려는 순간, 소의 꼬리에 매달려 있던 꾀 많은 쥐가 폴짝 뛰어내려 1등을 차지했고 소는 2등이 되고 말았답니다.

생활 쏙쏙 나의 생활과 연결해요!

12간지 띠에는 각각 특별한 성격과 특징이 있다고 해요. 나의 띠가 가진 성격과 실제 나의 성격은 얼마나 닮았는지 살펴보세요!

쥐	· 지혜, 재치, 부지런함 · 영리하고 적응력이 뛰어나며 기회를 잘 포착하는 성격	소	· 성실, 인내, 근면, 우직함 · 신뢰할 수 있고 꾸준한 노력으로 목표를 이루는 사람
호랑이	· 용맹, 자신감, 용기 · 강한 의지와 독립심이 있으며, 모험을 두려워하지 않음	토끼	· 온화함, 예의, 평화, 지혜 · 다정하고 섬세하며 대인 관계에서 유리한 성격
용	· 권위, 행운, 카리스마 · 창의적이고 강한 추진력을 가지며, 특별한 운명을 타고남	뱀	· 지혜와 결단력, 신비로움 · 통찰력이 뛰어나며, 침착하고 신중한 성격
말	· 열정, 자유, 활기 · 독립적이고 활동적이며, 도전을 좋아하는 스타일	양	· 온순함, 평화, 예술성, 배려 · 감성이 풍부하고 협력적이며, 조화를 중요하게 생각함
원숭이	· 재치, 영리함, 유머 · 영리하고 창의적이며, 문제 해결 능력이 뛰어남	닭	· 성실, 근면, 솔직 · 깔끔하고 계획적이며, 약속을 중요하게 여김
개	· 충직, 정직, 신뢰 · 의리가 강하고 믿음직하며 타인을 돕는 것을 좋아함	돼지	· 풍요, 인내, 너그러움 · 관대하고 책임감이 있으며, 긍정적인 태도를 가짐

논술 똑똑 나의 의견을 논리적으로 표현해요!

아시아에는 띠 문화가 있지만, 나라마다 동물이 조금씩 다를 수 있어요. 열두 동물 외에 우리나라와 어울리는 동물이 있다면, 추천 이유를 들어 논리적으로 글을 써 보세요!

우리나라 열두 띠 동물에 이 동물을 추천합니다!

✦ **3단계 초 간단 논술 쓰기**

1단계	2단계	3단계
추천 동물 소개	추천 동물 특징	추천 이유

예시

[1] 저는 새로운 띠 동물로 다람쥐를 추천해요. [2] 다람쥐는 도토리를 미리미리 모으고 저장하는 부지런한 동물이에요. [3] 다람쥐처럼 성실한 성격은 한국 사람들과 잘 맞아서, 우리나라 띠 동물로 적합하다고 생각해요.

✦ **3단계 초 간단 논술 쓰기 방법에 맞춰 내 의견을 써 볼까요?**

★ 추 천 동 물 소 개 ✎ ....

....

★ 추 천 동 물 특 징 ✎ ....

....

★ 추 천   이 유 ✎ ....

....

길고도 힘든 러·우 전쟁, 언제 그 끝이 올까요?

> 📖 **읽기 전, 배경지식 쏙쏙!**
>
> **러·우 전쟁**
> 2022년 2월 24일, 러시아가 우크라이나 수도 키이우를 미사일로 공격하고 지상군을 투입하면서 시작된 전쟁이에요. 많은 민간인이 사망하고 수천만 명의 난민이 발생하였어요.

러·우전쟁이 시작된 지 3년이 넘었어요

이 전쟁은 2022년 2월 24일, 러시아가 우크라이나를 **침공**하면서 시작되었어요. 처음에는 일주일 만에 러시아의 승리로 끝날 거라고 예상했지만 우크라이나의 선방으로 전쟁은 장기전으로 흘러가게 되었답니다.

서방 국가들은 우크라이나를 도왔어요

전쟁이 시작되자 미국과 유럽 연합(EU)은 우크라이나를 도왔어요. 많은 나라가 무기와 경제적인 지원을 해 주면서, 이 전쟁은 사실상 서방 국가와 러시아의 대결 구도처럼 변했어요. 한편, 2024년 북한도 러시아를 돕기 위해 약 1만 명의 군인을 전쟁터로 보냈답니다.

전쟁이 길어지면서 러시아가 유리해졌어요

우크라이나는 처음에는 서방 국가들의 지원을 받아 러시아군을 막아 내고, 일부 지역을 되찾을 수 있었어요. 하지만 전쟁이 길어지면서 러시아가 다시 우크라이나의 **영토** 20%를 차지하게 되었어요. 이런 불리한 상황에서 우크라이나는 전쟁을 끝내야 할지도 몰라요. 미국의 트럼프 대통령이 우크라이나를 지원하느라 막대한 비용이 들어갔다며 전쟁을 서둘러 끝내고 싶어 하거든요.

많은 사람이 희생되었어요

길어진 전쟁으로 전쟁터에서 목숨을 잃은 우크라이나군만 해도 100만 명(러시아 추산), 러시아군은 86만 명(우크라이나 추산)이나 된답니다. 많은 사람들이 고향을 떠나야 했고, 집과 학교, 병원이 파괴되었어요. 안타깝게도 많은 어린이가 부모를 잃거나 끼니를 걱정하고 있답니다.

내용 콕콕 내용 콕콕 잘 이해했는지, 신문의 중요한 내용을 콕콕 짚어 봐요!

✦ 신문의 내용과 맞으면 O 틀리면 X 하세요.

1. 러·우 전쟁은 2022년 2월 24일, 러시아가 우크라이나를 침공하면서 시작되었어요. (   )
2. 전쟁이 시작되자 미국과 유럽 연합(EU)은 우크라이나를 도왔어요. (   )
3. 전쟁은 길어졌지만, 큰 피해는 없어요. (   )

✦ 빈칸에 아래 단어를 넣어 문장을 완성하세요.

| 러·우 | 2022 | 전쟁 | 파괴 |

_____ 전쟁은 _____ 년에 시작되어 3년 넘게 지속되며 수많은 사람이 목숨을 잃고 집과 학교, 병원 등 시설이 _____ 된 큰 _____ 이에요.

어휘 쏙쏙 어휘를 알면 글이 더 쉬워져요!

✦ 어휘 풀이

침공	침노할 침侵 칠 공攻
	다른 나라를 침범하여 공격함
서방	서쪽 서西 모, 나라 방方
	서쪽 나라, 유럽과 미국을 포함한 국가들을 가리키는 말
영토	옷깃, 거느릴 영領 흙 토土
	국가의 통치권이 미치는 구역

✦ 어휘 연습!

* 한국은 역사적으로 볼 때 주변 국가들로부터 끊임없는 _____ 을 받아 왔어요.
* 두 나라가 같은 지역을 자기 _____ 라고 주장하면 분쟁이 생길 수 있어요.
* _____ 국가들은 우크라이나를 돕기 위해 경제적 지원을 했어요.

지식 톡톡 　알면 알수록 재미있어요!

러시아와 우크라이나의 갈등은 언제부터 시작되었을까요?

① 우크라이나와 러시아가 틀어진 이유

우크라이나와 러시아는 오랫동안 같은 나라(소련)였어요. 하지만 1991년, 우크라이나가 독립하면서 두 나라의 관계가 달라졌어요. 우크라이나는 유럽(서방)과 가까워지려 했고, 러시아는 이를 반대했어요.

② "우리 땅이야!" 크림반도 문제

크림반도는 원래 우크라이나의 영토였어요. 2014년, 러시아가 크림반도를 차지하면서 두 나라의 관계가 더 나빠졌어요. 우크라이나와 서방 국가들은 러시아의 행동을 불법이라고 반대했어요.

③ "우크라이나가 나토에 가입하면 우리가 위험할 수 있잖아!" 우크라이나의 나토 가입 문제

우크라이나는 나토(NATO, 북대서양 조약 기구)라는 군사 동맹에 가입하려 했어요. 나토는 유럽과 미국이 만든 군사 동맹으로, 한 나라가 공격당하면 모두가 함께 방어하는 조직이에요. 러시아는 우크라이나가 나토에 가입하면, 자신의 안보(안전 보장)가 위협받을 거라고 걱정했어요. 이 문제로 양국의 갈등이 점점 커지다가 결국 2022년에 전쟁이 시작되었어요.

생활 쏙쏙 　나의 생활과 연결해요!

러·우 전쟁은 사실 우리 생활과도 연결되어 있어요. 우크라이나는 '세계의 곡물 창고'로 불릴 만큼 많은 밀을 생산하고, 러시아는 석유와 천연가스가 많이 나는 나라예요. 하지만 전쟁으로 밀가루 가격과 기름값이 올랐지요. 우크라이나는 여러 나라에 무기 지원을 요청했어요. 우리나라는 러시아와 북한과의 관계를 고려해서 무기 대신 긴급 의료품과 1억 달러(약 1,396억 원)의 차관(나중에 갚는 돈)을 지원했어요.

▶ 우크라이나에 보내는 우리나라의 긴급 의료품

| **글쓰기 반짝** | 다양한 방법의 글쓰기를 해 봐요! |

육하원칙 글쓰기(누가, 언제, 어디서, 무엇을, 왜, 어떻게)를 하면 러시아-우크라이나 전쟁이라는 복잡한 국제 문제를 이해하고 정리하는 데 도움을 줘요. 기사의 내용을 참고하여 러·우전쟁을 육하원칙으로 정리해 글을 써 보세요!

▲ 우크라이나의 수도 키이우에 있는 한 쇼핑몰이 러시아군에 의해 폭격 맞은 모습

★ **누가(Who)**
  전쟁을 벌이고 있는 나라는 어디인가요? ✎ _____

★ **언제(When)**
  전쟁은 언제부터 시작되었나요? ✎ _____

★ **어디서(Where)**
  전쟁은 어디에서 벌어지고 있나요? ✎ _____

★ **무엇을(What)**
  무슨 일이 일어나고 있나요? ✎ _____

★ **왜(Why)**
  전쟁이 일어난 이유가 뭐죠? ✎ _____

★ **어떻게(How)**
  전쟁은 어떻게 진행되고 있나요? ✎ _____

◆ 세계 ◆

'북한 뷰 맛집' 애기봉 스타벅스 문을 열다!

더 궁금하다면?

📖 **읽기 전, 배경지식 쏙쏙!**

북한
북한은 한반도 북쪽에 위치해 있어요. 남북한은 6·25전쟁 이후 분단된 상태예요. 현재는 휴전 상태로 정치적 긴장과 엄격한 출입 통제로 인해 북한에 자유롭게 갈 수 없어요.

북한을 바라보며 즐기는 특별한 커피 한 잔

경기 김포 애기봉 **전망대**에 스타벅스가 문을 열며 많은 관심을 받고 있어요. 이곳은 북한과 불과 1.4km 떨어진 위치에 있어 커피를 마시며 북한의 마을과 자연을 볼 수 있는 독특한 장소입니다. 특히 망원경으로 북한 송악산과 민간 마을을 볼 수 있어 방문객들에게 새로운 경험을 **선사**하고 있어요.

평화와 역사가 만나는 곳

애기봉은 해발 154m 산봉우리로 과거 6·25전쟁 때 남북이 치열한 전투를 벌였던 **격전지**였습니다. 현재는 평화의 종과 전시관 같은 시설이 마련되어, 분단의 상처를 치유하고 미래의 희망을 전하는 장소로 변모했어요. 정모 씨(69)는 "황해도가 고향인 부모님을 떠올리며 이곳에서 커피를 마시니 가슴이 먹먹하면서도 위로가 된다."라고 말했답니다.

특별한 공간으로 떠오른 애기봉

애기봉의 스타벅스는 젊은 세대에게도 명소로 자리 잡고 있어요. 한 방문객은 "평소와 같은 커피지만 이곳에서는 다른 의미를 느낄 수 있다."라며 북한과 평화에 대해 다시 생각해 보게 된다고 말했어요. 이렇게 애기봉은 과거와 현재, 평화와 일상을 잇는 상징적인 공간으로 주목받고 있습니다.

애기봉 스타벅스에 가려면?

한편, 애기봉 스타벅스는 군사적 이유로 민간인의 출입이 제한되는 '민간인 출입 통제 구역(CCZ)' 내에 자리 잡고 있어 특별한 출입 절차가 필요해요. 방문객은 출입 신청서를 작성하고 신분증을 확인받아야 군사 검문소를 통과할 수 있어요.

✅ 기사를 읽고 나의 느낌은? 흥미로워요 새로워요 공감해요 슬퍼요 화나요

내용 콕콕 내용 콕콕 잘 이해했는지, 신문의 중요한 내용을 콕콕 짚어 봐요!

✦ **신문의 내용과 맞으면 O 틀리면 X 하세요.**

1. 애기봉 전망대는 북한과 1.4km 떨어진 곳에 있어요. (　　　)
2. 애기봉 스타벅스는 북한의 마을을 볼 수 있는 특별한 경험을 제공해요. (　　　)
3. 애기봉은 젊은 세대보다는 역사적인 관심이 있는 사람들에게만 인기가 있어요. (　　　)

✦ **빈칸에 아래 단어를 넣어 문장을 완성하세요.**

북한	스타벅스	애기봉	주목

김포 _____ 전망대에 _____ 가 문을 열었어요. _____ 을 바라보며 과거와 현재, 평화와 일상을 잇는 상징적인 공간으로 _____ 받고 있어요.

어휘 쏙쏙 어휘를 알면 글이 더 쉬워져요!

✦ **어휘 풀이**

전망대	펼 전展　바랄 망望　대 대臺
	높은 곳에서 넓게 펼쳐진 지역을 한눈에 내려다볼 수 있는 곳
선사	선물, 베풀 선膳　줄 사賜
	(존경, 친근, 애정을 나타내기 위해) 무엇인가를 베풀거나 제공하는 것
격전지	격할 격激　싸움 전戰　땅 지地
	전쟁이나 전투가 치열하게 벌어진 장소

✦ **어휘 연습!**

* 연주회는 관객들에게 잊지 못할 감동과 기쁨을 _____ 했어요.
* _____ 였던 애기봉은 예전에 남북한 군인들이 치열하게 싸웠던 곳이에요.
* 남산타워 _____ 에 올라가니 서울이 한눈에 들어왔어요.

지식 톡톡 알면 알수록 재미있어요!

남과 북을 가르는 특별한 공간들

1950년 6월 25일에 전쟁이 시작되었고, 1953년 7월 27일 휴전 협정 체결 이후 우리나라는 지금까지 휴전 상태로 지내고 있답니다. 남북한 사이에는 '비무장 지대(DMZ)'가 있어요. 이곳은 군사 활동이 금지된 지역으로 남북 각각 2km씩 설정되어 있어요. 그 주변으로 '민간인 출입 통제 구역(CCZ)'이 있는데, 애기봉 평화 생태 공원도 이곳에 있답니다. 이 지역은 군사적 이유로 민간인의 출입이 제한되는 지역이지만, 일부 지역은 생태 보존과 관광 목적으로 개방되기도 해요. 대표적인 예로 애기봉 평화 생태 공원이 CCZ 내에 자리 잡고 있어요.

생활 쏙쏙 생활 속에서 찾아봐요!

우리나라에는 북한을 바라볼 수 있는 전망대가 여러 곳 있어요. 이곳에서는 북한의 마을과 자연을 직접 볼 수 있답니다.

- ✦ **파주 임진각 평화누리공원 도라전망대:** 북한 개성공단과 송악산이 보이는 곳이에요.
- ✦ **파주 오두산 통일전망대:** 통일교육전시관이 함께 있으며 북한을 가까이서 볼 수 있는 곳이에요.
- ✦ **철원 노동당사와 평화전망대:** 북한의 마을과 철길을 볼 수 있어요.
- ✦ **강원도 고성 통일전망대:** 맑은 날에는 금강산도 보이는 아름다운 전망대예요.
- ✦ **김포 애기봉 전망대:** 북한 개풍군 마을이 보이는 곳으로 최근 스타벅스가 들어섰어요.

- ✦ **망원경으로 북한의 무엇이 보고 싶은지 체크해(☑) 보세요.**
  - ☐ 북한의 마을과 건물
  - ☐ 북한 사람들이 생활하는 모습
  - ☐ 북한의 산과 자연 풍경
  - ☐ 평화로운 들판과 강
  - ☐ ✎ _____

논술 똑똑 나의 의견을 논리적으로 표현해요!

북한과 가까운 곳에 카페가 생기면서 많은 사람의 관심을 받고 있어요. 하지만 이런 변화를 바라보는 시선은 서로 다를 수 있답니다. 찬성과 반대 의견을 살펴보고, 여러분의 생각을 정리해 논리적으로 글을 써 보세요!

 ### 북한 전망 카페 난 찬성! vs 난 반대! 아직은 조심스러워!

이참에 북한을 알아보는 기회가 될 수도….

저는 북한이 보이는 카페가 남북 관계에 도움이 될 것으로 생각해요. 북한을 직접 바라볼 수 있는 경험이 평화와 통일에 대한 관심을 높일 수 있기 때문이에요. 예를 들어 우리 세대는 분단에 대해 생각해 본 적이 없는데 북한을 직접 보면 북한에 대해 알아볼 기회가 될 것 같아요.

저는 북한이 보이는 카페가 남북 관계에 큰 도움이 되지 않을 것으로 생각해요. 오히려 이런 카페가 북한과의 긴장감을 높일 가능성이 있기 때문이에요. 예를 들어, 카페를 방문한 사람들이 많아지면 북한 사람들을 자극할 수도 있지요.

북한이 동물원이냐?! 자극하는 행동은 하지 말아야….

세계에서 가장 행복한 나라는?

읽기 전, 배경지식 쏙쏙!

세계 행복 보고서
3월 20일 '세계 행복의 날'에 맞춰 발표되는 보고서로, 돈(GDP), 기대 수명, 사회적 지지, 선택의 자유, 정직 등을 기준으로 전 세계 사람들이 얼마나 행복한지 조사해 순위를 정한 보고서예요.

2025년 발표된 '세계 행복 보고서'에 따르면 핀란드가 8년 연속 세계에서 가장 행복한 나라로 선정됐어요! 아시아에서는 대만이 27위로 가장 행복한 나라로 꼽혔고, 일본은 55위, 한국은 58위를 차지했어요.

행복한 북유럽 사람들
핀란드에 이어 덴마크, 아이슬란드, 스웨덴이 각각 2~4위를 차지하면서 북유럽 나라들이 상위권을 차지했어요. 이 나라들은 건강, 교육, 사회적 지원 같은 시스템이 잘 갖추어져 있어서 사람들이 더 행복하게 느낀다고 해요. 반대로 가장 행복하지 않은 나라는 147위인 아프가니스탄이었어요. 행복 점수는 10점 만점에 1.36점으로 낮았고, 특히 여성의 행복도는 1.16점밖에 되지 않았어요.

혼밥 말고 함께 먹어요
행복에 영향을 주는 중요한 요소 중 하나는 바로 다른 사람과의 연결이에요. 그중에서도 같이 밥을 먹는 것이 행복에 큰 영향을 준다고 해요. 보고서에 따르면, 다른 사람과 자주 식사하는 사람일수록 더 행복하다고 느끼고, 반대로 혼자 밥을 먹는 사람이 많아질수록 행복감이 줄어드는 경향이 있었어요.

사회를 얼마나 믿고 있나요?
또 하나 중요한 요소는 사회적 신뢰예요. 다른 사람을 얼마나 믿을 수 있느냐도 행복에 영향을 준대요. 예를 들어, 상위권에 오른 북유럽 나라들은 '잃어버린 지갑을 누군가가 돌려줄 거야!'라고 믿는 사람이 많고, 실제로 지갑을 돌려주는 비율도 높다고 해요. 이처럼 친절한 세상에 대한 믿음이 사람들의 삶을 더 만족스럽게 만든다고 해요.

내용 콕콕 내용 콕콕 잘 이해했는지, 신문의 중요한 내용을 콕콕 짚어 봐요!

✦ **신문의 내용과 맞으면 O 틀리면 X 하세요.**

1. 2025년 세계에서 가장 행복한 나라는 핀란드예요. (   )
2. 한국은 2025년 세계 행복 순위에서 27위를 차지했어요. (   )
3. 혼자 밥을 먹는 사람이 많을수록 행복감이 높아져요. (   )

✦ **빈칸에 아래 단어를 넣어 문장을 완성하세요.**

| 핀란드 | 행복 | 세계 행복 보고서 | 연결 |

2025년 '_____'에서 _____가 8년 연속 1위를 차지했으며, _____은 함께 식사하고 서로를 믿는 사회적 _____과 신뢰에서 비롯된다고 해요.

어휘 쑥쑥 어휘를 알면 글이 더 쉬워져요!

✦ **어휘 풀이**

선정	가릴 선選 정할 정定
	여럿 가운데서 어떤 것을 가려 정함
상위권	위 상上 자리 위位 우리, 구역 권圈
	성적이나 등급이 높은 자리에 속하는 범위
신뢰	믿을 신信 의뢰할, 의지할 뢰賴
	굳게 믿고 의지함

✦ **어휘 연습!**

✱ 이번 시험에서 준호는 _____에 들어 행복했어요.

✱ 소풍 장소는 학생들의 투표로 _____했어요.

✱ _____를 잃으면 다시 얻기 어려우니 약속은 꼭 지켜야 해요.

지식 톡톡 알면 알수록 재미있어요!

행복해져라~얍!! 행복해지는 과학적인 방법을 소개해요!

1. **운동하기:** 단 20분만 운동해도 엔도르핀과 세로토닌 같은 행복 물질이 분비된대요. 달리기, 춤추기, 자전거 타기 등 몸을 움직이면 뇌도 행복해져요!

2. **감사하기:** 심리학자 로버트 에몬스 교수의 연구에 따르면, 매일 밤 감사한 일 3가지를 기록하는 것만으로도 행복감이 높아진대요.

3. **함께하기:** 하버드 대학의 75년 연구 결과, 좋은 인간관계가 행복의 가장 큰 요소라고 해요. 친구나 가족과 보내는 시간은 뇌에 큰 행복을 선물해요. 특히 함께 밥을 먹는 것은 행복에 아주 좋답니다.

4. **잘 자기:** 충분한 수면은 뇌가 세로토닌과 멜라토닌 같은 행복 물질을 잘 만들도록 도와줘요. 매일 밤 같은 시간에 자고 일어나는 습관이 좋아요.

5. **새로운 경험하기:** 새로운 것을 배우거나 경험할 때 뇌는 도파민을 분비하며 더 활발해져요. 일본 도쿄대학 연구팀에 따르면 새로운 취미를 시작하거나 처음 가 보는 장소에 가는 것도 행복감을 높인대요!

6. **친절 실천하기:** 친절한 행동을 한 사람들은 스스로 행복 지수가 크게 오른대요! 친구 도와주기, 칭찬하기, 양보하기 같은 작은 친절도 우리 뇌에 옥시토신을 분비해 행복감을 높여 준답니다.

생활 쏙쏙 나의 생활과 연결해요!

사전에서는 '행복'을 '생활에서 충분한 만족과 기쁨을 느끼어 흐뭇함 또는 그러한 상태'라고 설명해요. 그런데 행복을 느끼는 때는 사람마다 달라요. 누군가는 맛있는 걸 먹을 때 행복하고, 누군가는 친구와 놀 때, 또 누군가는 새로운 걸 배울 때 행복하다고 느껴요.

✦ **그렇다면 여러분은 언제 가장 행복한가요?**

나는 ✎ _____ 가장 행복해요.

글쓰기 반짝 [다양한 방법의 글쓰기를 해 봐요!

유엔(UN)에서는 사람들의 행복을 알아보기 위해 아래 6가지 기준을 중심으로 조사해요. 이 중 여러분이 생각하는 가장 중요한 요소는 무엇인가요? 그렇게 생각하는 이유도 함께 글로 써 보세요!

생각하여 글쓰기 — 내가 생각하는 진짜 행복의 조건은?

돈(1인당 GDP)	사람들이 경제적으로 얼마나 잘 사는지를 나타내요.
사회적 지지	내가 힘들 때 도와줄 사람이 있는지를 말해요.
기대 수명	사람들이 얼마나 오래 건강하게 살 수 있는지를 보여 줘요.
삶의 자유	하고 싶은 것을 스스로 결정할 수 있는지를 말해요.
관대한 마음(기부나 나눔)	다른 사람을 돕거나 나누려는 마음이 있는지를 말해요.
정직한 사회(부패 인식)	사람들이 나라가 정직하고 믿을 수 있는지를 나타내요.

예시

저는 사회적 지지, 즉 나를 도와줄 사람이 있는 게 제일 중요하다고 생각해요. 혼자 있으면 외롭고 무서울 때가 많지만, 누군가가 나를 응원해 주면, 힘이 나요. 태권도에서 격파하기 전 친구가 "잘 할 수 있어!"라고 말해 주면 자신감이 생겨요. 그래서 누군가와 함께 있는 게 행복의 큰 조건이라고 생각해요.

중국, 자꾸 애매한 전략 쓸 거예요?

읽기 전, 배경지식 쏙쏙!

잠정 조치 수역
바다 경계를 아직 정하지 않아서, 경계가 겹치는 구역에 서로 시설을 짓지 않고 함께 관리하기로 한 바다예요.

잠정 조치 수역에 세운 중국의 대형 구조물

중국이 서해에 아주 커다란 구조물을 세웠어요. 이름은 '선란 1호'와 '선란 2호'예요. 이 구조물은 높이가 71미터로 20층짜리 아파트 정도이고, 너비는 70미터로 학교 운동장 절반 정도 크기라고 해요. 중국은 단순한 '양식장' 시설이라고 말했지만, 전문가들은 나중에는 '군사 시설'로 바뀔 수도 있다며 걱정하고 있어요. 과거 중국은 필리핀 근처 남중국해에 모래를 쌓아 인공 섬을 만든 뒤, 나중에 그곳에 군사 시설을 세운 적이 있었거든요.

그것 참 애매하네

중국은 "이건 단순한 양식장이니까 문제없어!"라고 주장하고 있어요. 우리가 당장 강하게 따지기도 어렵고, 그렇다고 가만히 있기도 어려워요. 이렇게 애매하게 행동하는 것을 '회색 지대 전략'이라고 해요. 그래서 우리는 중국이 앞으로 서해에 영향력을 더 키우려고 하는 것은 아닌지 주의 깊게 지켜봐야 해요.

합의가 필요해

반대로 중국이 우리나라의 '이어도 해양 과학 기지'를 두고 문제를 제기한 적도 있어요. 우리나라의 배타적 경제 수역(EEZ)에 세워졌지만 중국도 이 바다가 자기네 영역이라고 주장해서 갈등이 생기고 있어요. 이러한 문제들은 한국과 중국이 바다 어디까지가 누구 바다인지 정하는 기준이 서로 일치하지 않기에 문제가 되곤 해요. 그래서 같은 지역을 두고도 서로 "이건 우리 쪽 바다야!"라고 주장하는 거지요. 이처럼 각자 기준이 다를 경우 갈등이 생기기가 더욱 쉬워요. 앞으로 서로 대화를 통해 함께 기준을 정하고 합의점을 찾아가는 지혜가 필요해요.

내용 콕콕 내용 콕콕 잘 이해했는지, 신문의 중요한 내용을 콕콕 짚어 봐요!

✦ 신문의 내용과 맞으면 O 틀리면 X 하세요.

1. 중국은 '선란 1호'와 '선란 2호'라는 이름의 구조물을 잠정 조치 수역에 설치했어요. (   )
2. 중국은 구조물 설치 이유를 '군사 시설을 만들기 위해서'라고 했어요. (   )
3. 전문가들은 이번 사안에 대해 감정적으로 대응해야 한다고 해요. (   )

✦ 빈칸에 아래 단어를 넣어 문장을 완성하세요.

잠정 조치 수역	구조물	중국	대응

_____이 _____에 거대한 _____을 세웠어요. 과거 비슷한 사례로 볼 때 우리의 현명한 _____이 필요해요.

어휘 쏙쏙 어휘를 알면 글이 더 쉬워져요!

✦ 어휘 풀이

구조물	얽을 구構 지을 조造 물건 물物
	여러 가지 재료를 사용해 만든 크고 튼튼한 물건(건물, 다리, 터널 등)
양식장	기를 양養 불릴 식殖 마당 장場
	물고기나 해산물을 기르기 위해 만든 장소나 기관
인공	사람 인人 장인 공工
	사람이 만든 것

✦ 어휘 연습!

* 이 공원은 _____ 폭포가 있어서 물이 계속 흘러요.
* 에펠탑은 프랑스의 유명한 철골 _____이에요.
* 이 연어는 바다에서 잡은 게 아니라 _____에서 키운 거예요.

지식 톡톡 알면 알수록 재미있어요!

서해에 대해 알아볼까요?

서해는 한국의 서쪽에 있는 바다로, 중국과 우리나라 사이에 있어요.

노란 바다의 비밀- 서해는 '황해'라고도 부르기도 해요. 중국 황허강에서 흘러온 노란 흙이 바다를 물들여서 그렇게 이름 붙었답니다!

세계적인 조수 차이- 서해는 수심이 평균 44m로 매우 얕아요.(동해는 1,684m) 그래서 밀물과 썰물의 차이가 크답니다. 특히 인천 앞바다는 세계에서 조수 차이가 큰 곳 중 하나예요!

보물 창고 서해- 꽃게, 조기, 갈치 등 맛있는 해산물이 가득하고, 갯벌에는 바지락, 동죽, 굴 같은 맛있는 조개류도 많답니다. 서해 갯벌은 2021년 유네스코 세계 자연 유산으로 지정되었으며 지구 온난화를 막는 자연 정화조 역할도 하지요! 또한 서해에는 3,000개가 넘는 섬이 있어요!

생활 쏙쏙 나의 생활과 연결해요!

우리나라는 동쪽, 서쪽, 남쪽 삼면이 모두 바다예요. 동해에서는 일본이 독도를 자기 땅이라고 주장하고 있어요. 서해에서는 중국이 큰 구조물을 세워 후에 군사 시설로 사용하지 않을지 걱정이에요. 남해에 있는 이어도 해양 과학 기지까지도 자기네 바다에 세웠다고 주장하고 있는 실정이에요. 이렇듯 위험에 빠진 우리 바다를 지켜 내기 위해서는 우리도 더욱 관심을 두고 올바로 아는 것이 중요해요.

✦ **다음 중 내가 할 수 있는 일에 체크해(☑) 보세요.**

☐ 서해의 위치를 지도에서 찾아보기
☐ 서해 수호의 날(3월 28일)에 희생자들을 기억하기
☐ 바닷가에 가면 쓰레기 주워 오기
☐ 중국이 서해에 큰 구조물을 세운 일에 대해 가족, 친구들과 함께 이야기 나누기

글쓰기 반짝 다양한 방법의 글쓰기를 해 봐요!

기사의 내용을 떠올리며 서해를 두고 벌어지는 갈등에 대해 중국과 우리나라의 입장을 각각 써 보세요. 그리고 나는 어떻게 생각하는지도 정리해 글로 써 보세요!

 다양한 입장 되어 보기 **서해에 세워진 구조물, 이대로 괜찮은가?**

✦ 중국의 입장

✦ 한국의 입장

✦ 나의 생각

이제 젊은 아프리카에 주목해 주세요!

아프리카의 미래는 우리한테 맡기세요!

📖 **읽기 전, 배경지식 쏙쏙!**

아프리카
아시아 대륙에 이어 세계에서 두 번째로 큰 대륙으로 54개국이 있으며 다양한 언어와 문화를 지닌 곳이에요. 인구는 약 14억 5,000만 명으로 2050년까지 약 25억 명에 이를 것으로 보여요.

아프리카는 고등학생! 우리나라는 아저씨!

아프리카는 세계에서 젊은 **인구**가 가장 많은 대륙이에요. 중위 연령(나이순으로 줄 세웠을 때 가운데 있는 나이)을 보면, 세계 평균은 30.5세인데 아프리카는 18.8세랍니다. 우리나라의 중위 연령은 46.7세예요. 쉽게 말해, 우리나라는 40대 아저씨가 중간 나이라면, 아프리카는 10대 고등학생이 중간 나이인 거죠. 젊은 사람이 많다는 것은 그만큼 일할 사람도 많고, 경제 성장 가능성이 크다는 뜻이에요.

지구의 보물 창고, 아프리카

아프리카에는 세계 **광물 자원**의 30%가 있어요. 스마트폰과 전기 자동차를 만드는 데 꼭 필요한 코발트, 리튬, 망간 같은 광물이 풍부해요. 또, 세계에서 농사를 지을 수 있는 땅 중 65%가 아프리카에 있어요. 햇빛도 아주 풍부해서 태양광 자원의 60%가 아프리카에 있지요. 하지만 놀라운 건, 지금 아프리카에서 사용하는 태양광 발전은 세계의 1%밖에 안 된다는 사실이에요.

아프리카에는 아직 해결해야 할 문제도 많아요

가난한 사람들이 많고, 병원이나 학교가 부족한 것도 사실이에요. 그래도 아프리카는 점점 발전해 가고 있어요. 2025년에 남아프리카공화국에서 **G20 정상 회의**가 열려요. 이 회의는 아프리카에서 열리는 첫 G20 정상 회의라 더 의미 있지요. 이 회의에서는 세계 여러 나라의 지도자들이 모여 기후 변화, 가난을 줄이는 방법, 깨끗한 에너지 개발 같은 중요한 문제를 논의할 예정이에요. 아프리카는 아직 해결해야 할 과제가 많지만, 젊은 인구와 풍부한 자원을 바탕으로 앞으로 더 성장할 가능성이 크답니다.

기사를 읽고 나의 느낌은? 흥미로워요 새로워요 공감해요 슬퍼요 화나요

내용 콕콕 내용 콕콕 잘 이해했는지, 신문의 중요한 내용을 콕콕 짚어 봐요!

✦ **신문의 내용과 맞으면 O 틀리면 X 하세요.**

1. 세계에서 젊은 인구가 가장 많은 대륙은 인도예요. (   )
2. 우리나라의 중위 연령은 46.7세이며, 아프리카는 18.8세예요. (   )
3. 아프리카는 태양광 자원의 60%를 보유하고 있지만, 실제 태양광 발전 비율은 세계의 1%밖에 안 돼요. (   )

✦ **빈칸에 아래 단어를 넣어 문장을 완성하세요.**

| 아프리카 | 자원 | 젊은 | 대륙 |

_____는 아직 해결해야 할 문제들이 많지만, _____ 인구와 풍부한 _____을 가져 성장 가능성이 큰 _____이에요.

어휘 쑥쑥 어휘를 알면 글이 더 쉬워져요!

✦ **어휘 풀이**

인구	사람 인人 입 구口
	한 나라 또는 지역에 살고 있는 사람들의 수
광물 자원	쇳돌 광鑛 물건 물物 재물 자資 근원 원源
	자연에서 얻을 수 있는, 산업에 필요한 돌이나 금속 같은 물질
G20 정상 회의	유엔에 가입한 192개국 중 경제적으로 영향력 있는 20개 나라 정상이 모여 중요한 문제를 논의하는 회의

✦ **어휘 연습!**

* _____ 에서는 참석한 나라가 서로 평등하게 대화할 수 있도록 원형 테이블을 사용해요.
* 우리나라 _____는 약 5,160만 명이에요.
* 스마트폰을 만들 때도 _____이 필요해요.

지식 톡톡 알면 알수록 재미있어요!

아프리카에 대한 놀라운 사실들

1. **거대한 대륙:** 아프리카는 세계에서 두 번째로 큰 대륙으로, 면적이 약 3,000만km²예요. 미국, 중국, 인도, 유럽 전체를 합쳐도 들어갈 만큼 넓답니다!

2. **놀라운 동물들의 왕국:** 아프리카엔 온갖 동물들이 살고 있지만, 그중 '빅 파이브'라고 불리는 사자, 코끼리, 버펄로, 표범, 코뿔소가 유명하지요.

3. **사하라 사막:** 세계에서 가장 크고 뜨거운 사막이에요. 면적이 약 미국 영토와 비슷한 크기예요.

4. **나일강:** 세계에서 가장 긴(약 6,650km) 강으로 이집트 문명은 이 나일강 주변에서 발달했답니다.

5. **빅토리아 폭포:** 아프리카 남부에 위치한 빅토리아 폭포는 세계에서 손꼽히는 폭포 중 하나예요.

생활 쏙쏙 나의 생활과 연결해요!

내 방에서 떠나는 실시간 아프리카 여행

우리 집 안방에서 지금 실시간으로 아프리카 초원의 동물들을 만나볼 수 있어요! 새벽에 물을 먹으러 오는 얼룩말부터 한낮에 나무 그늘에서 쉬는 사자까지, 그 소리와 모습을 있는 그대로 볼 수 있죠. 365일 24시간 아프리카를 라이브로 전달하는 채널을 소개해요!

✦ 남아프리카 공화국 템베 코끼리 공원 실시간 구경하기

✦ 나미비아 나미브 사막 실시간 구경하기

글쓰기 반짝 다양한 방법의 글쓰기를 해 봐요!

템베 코끼리 공원이나 나미브 사막의 라이브캠을 10~15분 동안 관찰해 보고 그동안 본 것들을 자세히 기록해 보세요. 어떤 동물을 보았는지, 동물들이 어떻게 행동했는지, 주변 자연환경이나 날씨 등 자유롭게 관찰 내용을 써 보세요!

관찰한 내용 기록하기 **아프리카 자연을 관찰해요.**

기본 정보	관찰 날짜	년 월 일
	관찰 시간	시 분
	관찰한 곳	☐ 템베 코끼리 공원 ☐ 나미브 사막
관찰한 내용	관찰한 동물	
	동물의 행동	
	들렸던 소리	
	주변 환경	(날씨, 식물, 땅의 모습 등)
	특별했던 장면	
나의 생각	관찰하면서 느낀 점을 한 문장으로 말해 본다면?	

141

◆ 세계 ◆

전 세계를 뒤집어 놓은 맛있는 전쟁!

미국에서는 홍차에 소금을 넣어 먹는대!

소금을?

📖 **읽기 전, 배경지식 쏙쏙!**

홍차
찻잎을 발효시켜 만든 차로, 진한 맛과 향이 특징이에요. 특히 영국 사람들은 홍차를 매일 마시며, '티타임'이라는 특별한 시간에 즐겨요.

영국 vs 미국, 홍차 전쟁?
영국과 미국 사이에 '홍차 전쟁'이 벌어졌어요! 미국의 한 교수가 "떫은맛을 줄인 완벽한 홍차를 만들려면 소금을 넣어야 한다."라고 주장했는데, 홍차의 나라 영국 사람들이 발칵 뒤집힌 거예요. 영국 사람들은 '매일 1억 잔의 홍차를 마시는 우리가 전문가'라며 홍차 마시는 방식에 불만을 터뜨렸답니다.

파인애플 피자는 상상할 수 없어!
한국인에게는 익숙한 파인애플 토핑이 올라간 '하와이안 피자'가 이탈리아인들을 부글부글 끓게 했어요. 이탈리아의 유명한 피자 셰프가 파인애플 피자를 만들었다가 큰 논란이 된 거예요. 이탈리아 사람들은 "피자에 파인애플을 올리다니, 말도 안돼!"라며 화를 냈지만, 셰프는 "음식에 대한 **편견**을 깨보고 싶었다."라고 말했답니다.

앗, 거기까진 나도 생각 못 했어
한국인이라면 보기 괴로운 장면도 여럿입니다. 물 양을 조절하지 못한 '한강물 라면', '라면에 마요네즈'를 뿌려 먹는 것을 보면 '아이고' 소리가 절로 나옵니다. 거기에 아마존에서 팔리고 있는 '김치 주스'는 상상한 적 없는 주스일 듯해요.

취향 존중, 음식에 답이 있나요?
오늘도 지구촌은 다양한 맛으로 **호불호** 논쟁이 뜨겁습니다. 나에겐 조금 이상한 식문화도 '취향이니까 존중한다.'는 생각으로 상대방을 이해하면 어떨까요?

☑ 기사를 읽고 나의 느낌은? 흥미로워요 새로워요 공감해요 슬퍼요 화나요

내용 콕콕 내용 콕콕 잘 이해했는지, 신문의 중요한 내용을 콕콕 짚어 봐요!

✦ 신문의 내용과 맞으면 O 틀리면 X 하세요.

1. 미국의 한 교수가 홍차에 소금을 넣으면 떫은맛을 줄일 수 있다고 주장했어요. (   )
2. 이탈리아에서 파인애플 피자는 전통 피자로 인정받아요. (   )
3. 라면에 마요네즈를 넣는 방법은 한국인들이 즐겨 먹는 조리법이에요. (   )

✦ 빈칸에 아래 단어를 넣어 문장을 완성하세요.

| 식문화 | 취향 | 세계 | 논쟁 |

각 나라의 자랑스러운 음식과 독특한 _____가 서로 다른 _____과 방식으로 인해 _____곳곳에서 _____을 일으키고 있어요.

어휘 쏙쏙 어휘를 알면 글이 더 쉬워져요!

✦ 어휘 풀이

편견	치우칠 편偏 볼, 생각 견見
	공정하지 못하고 한쪽으로 치우친 생각
취향	달릴 취趣 향할 향向
	하고 싶은 마음이 쏠리는 방향
호불호	좋을 호好 아니 불不 좋을 호好
	좋아하고 싫어함을 이르는 말

✦ 어휘 연습!

* 민트초코맛은 _____가 갈려. 나는 맛있는데 친구들은 싫대.
* 패럴림픽(장애인 올림픽)을 보고 장애에 대한 _____이 깨졌어.
* 누나는 매운 걸 좋아하지만 난 단 게 좋아. _____을 존중해 줘.

지식 톡톡 알면 알수록 재미있어요!

영국인들은 왜 그토록 홍차를 사랑하게 되었을까요?

1600년대, 포르투갈 공주가 영국 왕실로 시집오면서 결혼 선물로 홍차를 가져왔어요. 그렇게 왕실에서 시작된 홍차 문화는 점차 귀족 사회로 퍼져 나갔고, '애프터눈 티' 같은 특별한 문화도 생겨났어요. 1800년대에는 인도에서 홍차를 직접 재배하기 시작했어요. 영국의 식민지였던 인도에서 대량 생산할 수 있으면서 일반 시민들도 쉽게 홍차를 마실 수 있게 됐죠. 이때부터 홍차는 영국인의 일상이 되었답니다. 지금도 영국인들은 하루 평균 2~3잔의 홍차를 마신다고 해요. 영국인들에게 홍차 한 잔은 위로이자 소소한 행복이랍니다.

생활 쏙쏙 나의 생활과 연결해요!

취향 존중, 각자 입맛은 다를 수 있으니까

혹시 민트초코 떡볶이를 들어본 적 있나요? 어떤 친구는 "우와, 맛있겠다!" 하고, 또 다른 친구는 "으윽, 생각만 해도 싫어!" 할 수 있어요. 왜 이렇게 다를까요? 바로 사람마다 입맛이 다르기 때문이에요. 누군가에게는 너무 낯선 맛이어도, 또 다른 누군가에게는 정말 맛있는 음식일 수 있답니다. 아래 음식을 보고 각자의 취향에 동그라미 해 보세요.

이름	나		
파인애플 피자	😛 😝	😛 😝	😛 😝
라면+마요네즈	😛 😝	😛 😝	😛 😝
민트초코 떡볶이	😛 😝	😛 😝	😛 😝

✦ 설문 조사 후 나와 취향이 다른 것에 대해 어떻게 생각하게 되었나요?

글쓰기 반짝   다양한 방법의 글쓰기를 해 봐요!

여러분만의 특별한 음식을 만들어 볼까요? 재료들을 새롭게 조합해 보면 새로운 맛을 발견할지도 몰라요! 어떤 재료들을 조합할 것인지 생각해 보고 새로운 음식의 이름과 만들게 된 이유를 글로 써 보세요!

 특별한 음식 추천하는 글쓰기   나만의 특별한 음식을 이분께 드립니다!

예시

음식 이름	단짠단짠 초코 치즈 핫도그
조합할 재료	핫도그 빵에 녹아내린 초콜릿과 치즈를 조합했어요.
만들게 된 이유	평소에 치즈와 초코를 좋아해요.
추천 대상	초코의 달콤함과 치즈의 짠맛을 좋아하는 동생에게 추천하고 싶어요.
맛에 대한 반응	첫입에 초콜릿의 달콤함에 놀라고, 자꾸 늘어나는 치즈가 생각나는 맛이라고 할 것 같아요.

음식 이름	
조합할 재료	
만들게 된 이유	
추천 대상	
맛에 대한 반응	

◆ 환경 ◆

돈을 갈아서
이것까지 만든다고?!

진짜 돈을 갈아 만들었어요!

📖 **읽기 전, 배경지식 쏙쏙!**

폐지폐

사용하다가 낡거나 찢어져 더 이상 쓸 수 없게 된 화폐를 말해요. 대부분 은행이나 한국은행에서 수거하여 처리하는데 수거량이 해마다 수천 톤에 달해요.

'돈'을 버리는데 '돈'이 든다고?

매년 우리나라에서는 무려 6억 장이 넘는 낡은 지폐가 생겨나요. 이렇게 많은 양의 지폐를 쌓으면 세계에서 가장 높은 산인 에베레스트 높이의 7배나 된대요! 지금까지는 이 폐지폐를 대부분 태우거나 땅에 묻어서 처리했는데, 이 과정에서 매년 1억 2천만 원이나 되는 돈이 들어간다고 해요.

돈 시계, 돈방석 어때요?

최근 폐지폐를 환경을 위해 다시 활용하려는 움직임이 있어요. 하나은행은 폐지폐를 잘게 잘라 만든 '머니클락(Money Clock)'이라는 시계를 만들었어요. 실제 1만 원권 지폐를 잘게 썰어 투명 케이스 안에 넣었죠. 푸릇푸릇한 색감에, 시계 하단에 'Time is Money.(시간은 돈이다.)'라는 글씨가 적혀 있어요. 이 시계는 '시간도 돈처럼 소중하다.'는 의미를 담고 있지요. 시계를 받은 사람들은 "이 시계를 보면 1분 1초가 달리 느껴진다.", "돈 기운이 느껴진다."라고 말했어요. 이전에는 지폐를 충전재로 넣은 돈방석과 베개 '머니드림(Money Dream)', 폐지폐를 동전 모양으로 만들어 꽃씨를 심을 수 있게 한 씨앗 돈 '시드머니(Seed Money)'도 있었어요.

다른 나라는 어떻게 할까요?

다른 나라도 폐지폐를 재활용하는 방법을 고민하고 있어요. 일본에서는 낡은 지폐를 잘게 부숴 화장지로 만들어요. 미국에서는 폐지폐 조각을 기념품으로 나눠 주기도 해요. 특히 지폐를 플라스틱으로 만드는 호주는 좀 더 특별한데요, 플라스틱 지폐이기 때문에 재활용이 더 쉽다고 해요. 낡은 플라스틱 지폐를 작은 알갱이로 만든 다음, 이것으로 공원의 튼튼한 벤치, 운동 기구, 안내판 등을 만든답니다. 이처럼 폐지폐를 재활용하면 환경 보호뿐 아니라 새로운 가치를 창출할 수 있어요.

146　✅ 기사를 읽고 나의 느낌은?　 흥미로워요　 새로워요　 공감해요　 슬퍼요　 화나요

내용 콕콕 내용 콕콕 잘 이해했는지, 신문의 중요한 내용을 콕콕 짚어 봐요!

✦ **신문의 내용과 맞으면 O 틀리면 X 하세요.**

1. 폐지폐는 더 이상 사용할 수 없는 낡거나 찢어진 지폐를 뜻해요. (   )
2. 폐지폐를 태우거나 묻어서 처리하는 데 매년 1억 2천만 원이 들어요. (   )
3. 폐지폐를 활용하면 환경을 보호하고 새로운 가치를 창출할 수 있어요. (   )

✦ **빈칸에 아래 단어를 넣어 문장을 완성하세요.**

| 비용 | 시계 | 폐지폐 | 재활용 |

_____를 태우거나 묻어 처리하는 데 큰 _____이 들지만, 최근에는 이를 활용해 _____, 방석, 화장지, 공원 벤치 등으로 _____하는 다양한 시도가 이루어지고 있어요.

어휘 쑥쑥 어휘를 알면 글이 더 쉬워져요!

✦ **어휘 풀이**

처리	곳 처處 다스릴 리理
	절차와 곳에 따라 정리하여 해결하는 일
충전재	채울 충充 메울 전塡 재목 재材
	빈 곳을 채우고 메우는 재료
창출	비롯할 창創 날 출出
	전에 없던 것을 새롭게 만들어 내는 것

✦ **어휘 연습!**

* 푹신한 베개 속에는 솜이라는 _____가 들어 있어요.
* 집에서 안 쓰는 물건을 _____할 때 어떻게 하나요?
* 새로운 회사가 생기면서 청년들을 위한 일자리가 _____되었어요.

지식 톡톡 알면 알수록 재미있어요!

지폐 탐험! 우리나라 지폐 속 인물과 그림을 찾아라!

우리나라 지폐 속 인물들은 모두 역사 속 중요한 인물이에요. 그래서 나라마다 대표하는 상징적인 인물이 지폐에 담겨 있죠. 지폐를 준비하고, 아래 설명된 인물과 그림을 찾아보세요.

천 원(1,000원): 퇴계 이황

조선 시대를 대표하는 성리학자로 성리학을 깊이 연구하고 발전시켰어요. 지폐에서 조선 시대 최고 교육 기관인 성균관 명륜당, 매화, 퇴계 선생님의 일상을 그린 「계상정거도」를 찾아보세요.

오천 원(5,000원): 율곡 이이

신사임당의 아들로 조선 시대의 뛰어난 학자이자 정치가예요. 지폐에서 율곡 이이가 태어난 오죽헌 몽룡실, 「초충도」의 수박, 맨드라미를 찾아보세요.

만원(10,000원): 세종 대왕

조선의 4대 왕으로 백성들을 위해서 「훈민정음」을 창제하였어요. 지폐에서 궁중 병풍 「일월오봉도」, 우리나라 최초의 한글 기록물 「용비어천가」, 혼천시계, 하늘의 별자리 「천상열차분야지도」 등을 찾아보세요.

오만 원(50,000원): 신사임당

조선 시대의 대표적인 여성 예술가이자 율곡 이이의 어머니예요. 지폐에서 먹으로 그린 포도 「묵포도도」, 「월매도」의 매화, 「풍죽도」의 대나무 등을 찾아보세요.

글쓰기 반짝 다양한 방법의 글쓰기를 해 봐요!

요즘에는 폐지폐를 재활용하려는 시도가 많아지고 있어요. 폐지폐로 시계, 방석, 베개, 화장지, 공원 벤치 같은 물건들이 만들어져요. 여러분은 폐지폐로 어떤 특별한 물건을 만들고 싶나요? 환경도 지키고, 재미도 있는 나만의 아이디어를 글로 써 보세요!

 아이디어 글쓰기 폐지폐로 어떤 특별한 물건을 만들어 볼까?

글을 쓸 때 이 질문을 생각해 보세요.

◆ 폐지폐로 어떤 물건을 만들고 싶나요?
  예) 연필꽂이, 필통, 스마트폰 케이스, 열쇠고리, 우산, 지갑, 가방, 장난감, 액자 등

◆ 그 물건은 왜 필요할까요?
  예) 편리해서, 예뻐서, 환경을 생각해서, 친구에게 선물하고 싶어서 등

예시

저는 폐지폐로 지갑을 만들고 싶어요. 지갑은 돈을 담는 물건이니까, 진짜 돈 조각이 들어 있다면 정말 특별할 것 같아요. 폐지폐를 투명한 케이스에 넣어 만들면 지갑을 볼 때마다 '돈은 소중하다.'는 생각이 들고, 환경도 지키는 기분이 들 것 같아요.

✦ 내가 생각한 물건을 그림으로 그려 보세요.

149

환경

불바다 가고 나니 물바다!
채찍처럼 왔다 갔다 하는 날씨!

▲ 로스앤젤레스에서 일어난 산불과 폭우

📖 읽기 전, 배경지식 쏙쏙!

기후 채찍질
한 지역에서 짧은 시간 안에 날씨나 기후가 극단적으로 바뀌는 현상을 말해요. 가뭄과 홍수, 폭염과 폭우, 무더위와 한파 등이 번갈아 가며 나타나는 현상을 말해요.

전 세계 많은 도시가 '기후 채찍질'에 시달리고 있는 것으로 나타났어요. 홍수가 날 정도로 비가 많이 내렸다가도 또 큰불이 날 정도로 가뭄이 이어지는 현상이에요. 마치 채찍이 이쪽으로 휙~ 왔다가 반대쪽으로 쌩~ 튕겨 나가는 것처럼 완전히 정반대의 날씨가 급격하게 번갈아 가며 나타나요.

홍수→산불→폭우, 정신을 못 차리겠네!

2025년 1월 미국 로스앤젤레스를 휩쓸었던 대형 산불도 기후 채찍질의 대표적인 사례예요. 이 지역은 1년 전에 홍수로 큰 피해를 보고, 8개월간 비가 거의 내리지 않아 나무와 풀이 바짝 말랐어요. 이때 산불이 발생했고 25일간 지속되며 미국 역사상 가장 큰 피해를 준 산불로 기록되었어요. 그런데 또 바로 이어서는 이틀간 엄청난 폭우가 쏟아져 도로와 주택이 침수되고 산사태가 발생하는 등 큰 피해가 줄지어 발생했어요. 한 지역에 역대급 홍수와 산불 그리고 폭우가 이어서 발생한 거예요.

세계적으로 많은 도시들에서 나타나요

중국 항저우와 상하이, 인도네시아 자카르타, 미국 댈러스, 태국 방콕, 이라크 바그다드, 케냐 나이로비 등 세계 여러 도시에서 극심한 가뭄과 폭우와 같은 극단적 기상을 함께 겪고 있어요. 연구자들은 "도시에서 기후 채찍질 같은 급격한 기후 변화는 예측과 대응이 매우 어렵다."라고 말해요. 이미 발달한 도시들은 기존 시설이 과거의 기후에 맞춰져 있어 갑자기 바뀐 날씨에 적응하기가 쉽지 않아요. 도로, 다리, 빗물 배수관 등은 모두 예전 날씨에 맞게 만들어졌기 때문이에요. 반면, 경제적으로 어려운 도시들은 새로운 기후 변화에 대응할 시설을 만들기가 힘들어요. 동아프리카 국가 짐바브웨는 수년간 가뭄에 시달리다가 2017년 닥친 홍수의 피해에서 아직도 벗어나지 못했어요. 앞으로도 이러한 기후 채찍질 현상이 계속될 가능성이 높아, 이에 대한 대비가 필요해요.

☑ 기사를 읽고 나의 느낌은? 😮 흥미로워요  새로워요   공감해요   슬퍼요   화나요

내용 콕콕 내용 콕콕 잘 이해했는지, 신문의 중요한 내용을 콕콕 짚어 봐요!

✦ 신문의 내용과 맞으면 O 틀리면 X 하세요.

1. 기후 채찍질은 극심한 가뭄과 폭우 등 날씨가 극단적으로 전환하는 것을 뜻해요. (   )
2. 도시에서는 급격한 기후 변화에 쉽게 대처할 수 있어요. (   )
3. 미국 로스앤젤레스에서는 홍수, 산불, 폭우가 연달아 발생했어요. (   )

✦ 빈칸에 아래 단어를 넣어 문장을 완성하세요.

도시	기후 채찍질	가뭄	피해

전 세계 _____들이 극심한 _____과 폭우가 반복되는 '_____' 현상 으로 큰 _____를 보고 있어요.

어휘 쏙쏙 어휘를 알면 글이 더 쉬워져요!

✦ 어휘 풀이

폭우	사나울 폭暴 비 우雨
	갑자기 세차게 쏟아지는 비
침수	잠길 침沈 물 수水
	물에 잠김
극단적	극진할, 다할 극極 끝 단端 과녁, 어조사 적的
	매우 한쪽으로 치우치거나, 보통의 수준을 넘어선 정도가 아주 심한 상태

✦ 어휘 연습!

* 어제 내린 폭우로 도로가 _____되어 교통이 마비되었어요.
* 이번 여름은 _____으로 덥고 습해서, 에어컨 없이 버티기가 힘들었어요.
* 소풍 날 아침에 _____가 쏟아져서 소풍을 갈 수 없게 되어 정말 속상해요.

지식 톡톡 알면 알수록 재미있어요!

도대체 왜 가뭄과 홍수가 번갈아 가며 나타날까요?

알다시피, 지구는 점점 더워지고 있어요. 기온이 올라가면서 물이 빠르게 증발하고, 대기(지구를 둘러싸고 있는 공기의 층)는 마치 스펀지처럼 수분을 쭉쭉 빨아들이죠. 그런데 이 과정에서 땅과 식물에서까지 물을 빼앗아 가뭄이 생겨요. 대기는 계속해서 수분을 모으다가 더 이상 참을 수 없을 정도로 가득 차면 갑자기 한꺼번에 물 폭탄을 쏟아내요! 하지만 가뭄으로 땅이 너무 말라 있어서 빗물을 제대로 흡수하지 못하고, 결국 큰 홍수가 발생하게 되는 거예요. 그리고 폭우가 끝나면, 다시 대기가 물을 빨아들이기 시작하면서 비가 오지 않는 기간이 길어지고, 또다시 가뭄이 찾아와요. 이렇게 해서 가뭄과 홍수가 계속 반복되는 것이 바로 '기후 채찍질'이에요!

생활 쏙쏙 나의 생활과 연결해요!

"어른들은 투표를 통해 국회의원이나 대통령을 뽑을 수 있었지만, 어린이들은 그럴 기회가 없습니다. 이 소송에 참여한 것이 미래를 위해 제가 할 수 있는, 또 해야만 하는 유일한 행동이었습니다."

이 말은 11살 한제아 어린이가 기후헌법소원 공개 변론에서 한 말이에요. 어린이들도 기후 변화에 대해 목소리를 낼 수 있답니다! 기후 변화는 어린이나 어른이나 누구나 알고 있지만 중요한 건 실천이에요! 내가 살아갈 지구를 위해 할 수 있는 일을 체크해(☑) 보세요.

- ☐ 학교에서 기후 동아리 만들기
- ☐ SNS에 환경 메시지 공유하기
- ☐ 나무 심기 활동 참여하기
- ☐ 일회용품 줄이고 다회용품 사용하기
- ☐ 가정에서 물과 전기 절약하기
- ☐ 지역 환경 단체 청소년 활동에 참여하기
- ☐ 그 외 내가 생각하는 방법
  _____
  _____

| 글쓰기 반짝 | 다양한 방법의 글쓰기를 해 봐요!

기후 변화를 늦추는 일은 한 사람 한 사람의 작은 실천이 모여 모두가 함께할 때 더 강력한 힘을 발휘해요. 아직 기후 채찍질에 대해 모르는 가족이나 친구가 있다면 기후 채찍질이 무엇이고 변화에 대응하기 위해 우리가 함께할 수 있는 일은 무엇인지 글을 써 알려 주세요.

 | 알려 주는 글쓰기 | **극심한 기후 변화에 우리가 할 수 있는 일은?**

글을 쓸 때 이 내용을 포함해 보세요!

◆ 기후 채찍질이란?
용어의 뜻을 설명해요.

◆ 왜 생기는 걸까?
지구 온난화와 대기의 변화가 기후 채찍질을 어떻게 만드는지 설명해요.(지식 톡톡 참고)

◆ 우리가 할 수 있는 일은?
기후 변화에 대응하기 위해 실천할 수 있는 방법을 알려 주세요.(생활 쏙쏙 참고)

환경

틱톡을 보면 발자국이 생긴다?!

한 개만 더 보고 끌게요….
진짜!

📖 **읽기 전, 배경지식 쏙쏙!**

탄소 발자국
사람이 활동하면서 발생시키는 이산화 탄소의 양이에요. 마치 우리가 걸을 때 발자국이 남는 것처럼, 우리의 행동으로 지구에 남는 이산화 탄소의 흔적이랍니다.

여러분, 틱톡(TikTok)이라는 앱을 알고 있나요? 짧은 영상을 올리고 공유할 수 있는 재미있는 앱이죠. 그런데 틱톡이나 유튜브를 볼 때마다 '탄소 발자국'이 생긴다는 사실, 알고 있었나요?

탄소 발자국이 뭐예요?

탄소 발자국은 우리가 일상생활에서 만들어 내는 **온실가스**, 특히 **이산화 탄소**(CO_2)의 양을 말해요. 예를 들어, 자동차를 타면 기름을 태우면서 이산화 탄소가 생기죠. 이렇게 우리가 생활하면서 만들어 내는 이산화 탄소의 양을 탄소 발자국이라고 해요.

저는 그냥 동영상을 봤을 뿐인데요?

틱톡, 유튜브, 넷플릭스 등의 영상을 보려면 거대한 데이터 센터라는 시설이 필요해요. 이 데이터 센터는 영상을 저장하고 보내 주는데, 24시간 내내 엄청난 양의 전기를 사용해요. 이때 이산화 탄소가 발생하죠. 그래서 우리가 영상을 오래 볼수록 더 많은 이산화 탄소가 만들어진답니다. 최근 조사에 따르면 틱톡은 짧은 영상으로 더 중독성이 강해 연간 무려 5,000만 톤의 탄소를 배출한다고 해요.

삐용삐용~ 경고등이 들어왔습니다!

탄소 발자국이 쌓이면 지구의 평균 기온이 상승해요. **지구 온난화**가 심해진다는 뜻이죠. 극지방의 빙하가 녹고, 전 세계적으로 홍수와 가뭄이 더 자주 일어나요. 식량은 부족해지고 동물들은 사라지지요. 지구 온도가 1도만 올라가도 산호초가 하얗게 죽어 가고 섬나라들이 물에 잠길 수 있어요.

기사를 읽고 나의 느낌은? 흥미로워요 새로워요 공감해요 슬퍼요 화나요

내용 콕콕 내용 콕콕 잘 이해했는지, 신문의 중요한 내용을 콕콕 짚어 봐요!

✦ 신문의 내용과 맞으면 O 틀리면 X 하세요.

1. 틱톡이나 유튜브 같은 앱을 사용할 때도 탄소 발자국이 생길 수 있어요. (   )
2. 틱톡은 짧은 영상을 보는 앱이라 탄소 배출량이 전혀 안 나와요. (   )
3. 탄소 발자국이 많아지면 지구 온난화가 심해져 빙하가 녹고 섬나라가 물에 잠길 수 있어요. (   )

✦ 빈칸에 아래 단어를 넣어 문장을 완성하세요.

| 틱톡 | 지구 온난화 | 전기 | 탄소 발자국 |

_____, 유튜브 같은 앱을 많이 보면 _____를 많이 사용해서 _____

이 늘어나 _____를 심화시켜요.

어휘 쏙쏙 어휘를 알면 글이 더 쉬워져요!

✦ 어휘 풀이

온실가스	따뜻할 온溫 집 실室
	이산화 탄소, 메탄 등으로 대기 중에 열을 가두는 역할을 하는 기체
이산화 탄소	두 이二 실,산소 산酸 될 화化 숯 탄炭 본디 소素
	우리가 숨 쉴 때 내뿜거나, 기름이나 석탄 같은 에너지를 태울 때 나오는 공기 중의 기체
지구 온난화	땅 지地 공 구球 따뜻할 온溫 띠뜻할 난暖 될 화化
	온실가스가 늘어나서 지구의 평균 기온이 점점 높아지는 현상

✦ 어휘 연습!

* 유튜브를 보는 것도 _____가 나온다니, 처음 알았어.
* 우리가 커서 _____가 더 심해지면 겨울이 아직 있을까?
* _____는 지구 주변을 감싸서 열을 가두어 지구를 더워지게 만드는 기체예요.

지식 톡톡 — 알면 알수록 재미있어요!

1. SNS는 거대한 '클라우드 집'에 저장돼요!
틱톡, 유튜브, 인스타그램 같은 SNS에 올리는 모든 사진, 영상, 글은 거대한 '데이터 센터'에 저장돼요. 커다란 건물에 수천 대의 컴퓨터로 가득 찬 진짜 '디지털 창고'랍니다!

2. 시원하게 만드는 게 중요해요.
많은 컴퓨터가 돌아가면서 엄청난 열이 나와요. 이 열을 식히는 데 거대한 냉각 장치가 필요해요. 그래서 추운 나라(스웨덴, 핀란드, 아이슬란드 등)에 데이터 센터를 많이 지어요.

3. 스트리밍은 생각보다 많은 에너지를 써요!
넷플릭스나 유튜브에서 1시간 동안 고화질 영상을 보면 전구를 10시간 켜 놓는 것과 같은 이산화 탄소가 배출되어요.

생활 쏙쏙 — 생활 속에서 찾아봐요!

오늘 하루 탄소 발자국을 줄이는 데 동참해 보는 거 어때요? 아래 체크리스트 중 실천할 수 있는 것을 찾아 오늘 당장 해 봐요!

생활 속 탄소 발자국 줄이기 체크리스트 ✅
- ☐ 난방 온도를 1도 낮추기
- ☐ 가까운 거리는 차 대신 걸어가거나 자전거 타기
- ☐ 빨대나 일회용 컵 대신 개인 컵 사용하기
- ☐ 불필요한 전등 끄기, 방에서 나올 때 전기 끄기
- ☐ 스마트폰이나 태블릿 충전이 끝나면 충전기 뽑기
- ☐ SNS 사용 시간 줄이기
- ☐ 스트리밍 대신 다운로드한 영상 보기
- ☐ 사용하지 않는 전자 기기 전원 끄기

도전 완료! 지구를 위해 노력한 나 칭찬해요!

논술 똑똑 나의 의견을 논리적으로 표현해요!

친구들과 대화하다 보면, "그래서 누가? 뭘 했다고?" 하고 다시 물어본 적 있지 않나요? 정보가 부족한 말은 듣는 사람이 무슨 뜻인지 파악하기 어려워요. '육하원칙'을 활용하여 글을 쓰면 중요한 내용을 빠뜨리지 않고, 누구나 쉽게 이해할 수 있는 글을 쓸 수 있답니다. 자, 육하원칙을 활용하여 탄소 발자국을 줄이기 위해 우리가 할 수 있는 일을 한 문장으로 써 보세요!

우리 함께 탄소 발자국을 줄여요!

예시

◆ **1단계** 육하원칙으로 생각 정리하기

육하원칙을 이용하여 '지구 온난화'에 관한 글을 써 봐요!

누가	우리 가족은	무엇을	전등을
언제	오늘부터 매일	어떻게	끄고 나오기
어디서	집에서	왜	탄소 발자국을 줄이기 위해

◆ **2단계** 완전한 문장으로 만들기

✎ 우리 가족은 탄소 발자국을 줄이기 위해 오늘부터 매일 집에서 전등을 끄고 나올 거예요.

◆ **1단계**

누가		무엇을	
언제		어떻게	
어디서		왜	

◆ **2단계**

✎ ....

....

157

◆ 환경 ◆

40년 만에 '에코 우체통'으로 변신했지요!

이랬던 우체통이 이렇게 바뀌었습니다!

📖 **읽기 전, 배경지식 쏙쏙!**

우체통
우체통은 편지나 엽서 같은 우편물을 넣어 두는 공공 시설물이에요. 우리나라에서는 대부분 빨간색이며, 예전엔 거리 곳곳에서 쉽게 찾아볼 수 있었어요.

에코 우체통으로 화려하게 변신

요즘은 편지를 주고받는 대신 이메일이나 문자, 카카오톡을 사용해요. 그래서 우체통 이용이 많이 줄었고 실제 우체통을 한 번도 보지 못한 친구도 있을 거예요. 그런데 이제는 우체통이 편지뿐 아니라 작은 소포를 받는 일도 하고 환경도 지키는 '에코(ECO) 우체통'으로 변신했다는 소식이에요!

편지는 왼쪽, 약은 오른쪽!

새로운 우체통은 크기가 더 커져서, 편지 외에도 작은 소포(27cm×18cm×15cm 크기)를 넣을 수 있어요. 그리고 환경 보호를 위해 **폐의약품**과 폐커피캡슐도 우체통에서 수거한대요. 왼쪽엔 우편·소포를 넣고, 오른쪽엔 폐의약품과 폐커피캡슐을 넣어요. 이렇게 **투함구**를 분리해 우편물 오염을 방지해요.

쓰레기를 넣으면 벌금을 내야 해요!

우체통이 커진 만큼, 쓰레기를 넣는 사람들이 있을까 봐 우정사업본부는 걱정하고 있어요. 쓰레기를 우체통에 넣으면 3년 이하의 징역 또는 3,000만 원 이하의 벌금에 처할 수 있어요. 꼭 우체통 본래의 용도로만 사용해야 해요!

우리 동네에도 새 우체통이 올까요?

우정사업본부는 에코 우체통을 먼저 서울 종로구, 강남구에 90여 개를 설치하였고 이것을 전국으로 확산할 수 있도록 최선을 다하겠다고 했어요. 아직 우리 동네에 없더라도 걱정하지 마세요. 기존 우체통에도 폐의약품과 폐커피캡슐을 회수 봉투에 싸서 넣을 수 있답니다.

☑ 기사를 읽고 나의 느낌은? 흥미로워요 새로워요 공감해요 슬퍼요 화나요

내용 콕콕 내용 콕콕 잘 이해했는지, 신문의 중요한 내용을 콕콕 짚어 봐요!

✦ 신문의 내용과 맞으면 O 틀리면 X 하세요.

1. 에코 우체통의 투함구는 하나예요. (   )

2. 기존 우체통에는 폐의약품을 절대 넣으면 안 돼요. (   )

3. 우체통에 쓰레기를 넣으면 3,000만 원까지 벌금을 낼 수 있어요. (   )

✦ 빈칸에 아래 단어를 넣어 문장을 완성하세요.

| 에코 우체통 | 폐의약품 | 폐커피캡슐 |

우체통이 40년 만에 편지 수거 외에 _____과 _____도 수거하는 _____으로 변신했어요.

어휘 쑥쑥 어휘를 알면 글이 더 쉬워져요!

✦ 어휘 풀이

에코	환경친화적인, 환경 생태와 관련되는 말을 나타내는 영어 단어
폐의약품	무너질 폐廢 의원 의醫 약 약藥 물건 품品
	약물 사용 기한이 지났거나 더 이상 사용하지 않는 의약품
투함구	던질 투投 지닐 함函 입 구口
	편지, 투표용지, 서류 등을 넣을 수 있도록 만들어진 입구나 구멍

✦ 어휘 연습!

* 누나, _____은 그냥 버리면 안 돼! 약이 땅이나 물을 오염시킨대.

* 민경아, 우리 마트 갈 거야. _____백 챙겨 가자!

* 에코 우체통에는 _____가 두 개나 있어. 편지는 왼쪽, 약은 오른쪽!

지식 톡톡 알면 알수록 재미있어요!

전 세계에는 다양하고 특별한 우체통이 있어요.

우리나라에는 편지를 넣으면 1년 뒤에 도착하도록 설정된 느린 우체통이 있고요. 일본에는 세계에서 가장 깊은 10m 바닷속에 설치된 우체통이 있어요. 캐나다에는 1982년부터 산타클로스에게 편지를 보내면 답장이 오는 산타 우체통이 있대요. 캐나다뿐 아니라 전 세계로 답장이 온다고 하니 친구들도 한번 이번 크리스마스에 산타할아버지께 편지를 보내 볼래요?

생활 쏙쏙 나의 생활과 연결해요!

내가 사는 곳 주위에는 어디에 우체통이 있을까요? 예전에는 길거리마다 흔히 볼 수 있었던 우체통이 요즘에는 도통 잘 보이지가 않아요. 그러나 아직도 우리 주변 곳곳에는 편지를 기다리는 우체통들이 있답니다. 이번 기회를 통해 우체통의 위치를 찾아보고, 직접 편지를 부쳐 보는 특별한 경험을 해 보는 건 어떨까요?

✦ **우리 동네 우체국, 우체통을 찾아라!**

✦ **설레는 마음으로 편지를 써 봐요!**

① 편지를 정성껏 써요.
② 우표를 사서 붙여요.
③ 우체통에 넣어요.
④ 우체국 아저씨의 배달을 설레는 마음으로 기다려요.

논술 똑똑 나의 의견을 논리적으로 표현해요!

우리 생활에 꼭 필요한 특별한 기능을 가진 우체통을 상상해 보세요. 어떤 기능이 있다면 더 편리할까요? 여러분만의 창의적인 아이디어로 새로운 우체통을 논리적으로 제안해 봅시다!

아주 특별한 우체통을 제안합니다!

✦ **3단계 초 간단 논술 쓰기**

1단계	2단계	3단계
새로운 우체통의 기능	제안하는 이유	구체적인 실현 방법

[1] 제가 제안하는 우체통은 우산을 나눠 주는 우체통이에요. [2] 이 우체통이 있다면, 갑자기 비가 와도 걱정 없이 우산을 빌릴 수 있어요. [3] 우체통에 빌린 우산을 관리하는 간단한 QR코드 시스템을 추가해서 누가 빌리고 반납하는지 알 수 있게 하면 돼요.

✦ **3단계 초 간단 논술 쓰기 방법에 맞춰 내 의견을 써 볼까요?**

★ 새로운 우체통의 기능 ✎ ....

....

★ 제 안 하 는 이 유 ✎ ....

....

★ 구체적인 실현 방법 ✎ ....

....

환경

지도에도 없는 섬이 있다?!

📖 **읽기 전, 배경지식 쏙쏙!**

지피지피

사람들이 버린 쓰레기들이 해류와 바람에 의해 태평양 한가운데 모여 섬처럼 형성된 거대한 쓰레기 지대예요. 이 쓰레기 섬에 있는 쓰레기의 양은 약 8만 톤에 달하며 이 중 80%는 플라스틱이에요.

태평양 한가운데 거대한 섬이 하나 있어요. 나무도 없고 동물도 없는 이 섬의 이름은 지피지피(GPGP), 우리말로 '거대한 태평양 쓰레기 섬(Great Pacific Garbage Patch)'이에요. 크기는 무려 한반도의 약 7배! 믿기 어렵겠지만, 그 크기는 지금도 계속 커지고 있습니다.

도대체 누가 만든 거야?

이 거대한 섬은 사람들이 버린 플라스틱 쓰레기들이 바다를 떠다니다가 한곳에 엉켜 모이면서 생긴 거예요. 이곳의 쓰레기들은 일본(35%), 중국(33%), 그리고 한국(15%) 등 북태평양 인근 나라에서 왔다고 해요. 최근 몇 년 동안 일본과 중국의 쓰레기는 각각 1%씩 증가했고 한국 쓰레기는 5%나 증가했어요. 우리나라는 버린 쓰레기의 총량으론 3위이지만, 최근 4년간 가장 많이 비중이 늘어났어요.

결국은 나에게로 돌아온다!

태평양 쓰레기 섬에 가 보면 물고기나 바다거북이 플라스틱을 먹이로 착각해 삼키는 모습을 쉽게 볼 수 있다고 해요. 폐그물에 갇혀 죽은 동물들, 뱃속에 플라스틱 조각이 가득 찬 물고기는 이곳에서 흔한 일입니다. 게다가 플라스틱은 작게 부서지며 미세 플라스틱이 되는데, 이 미세 플라스틱은 물고기를 통해 우리 밥상에도 올라오고, 바닷물이 증발하며 공기와 비를 통해 우리 몸까지 들어온다고 해요.

1명이 1억 명이 된다면

누군가는 말할지도 몰라요. "일회용 컵 하나 덜 쓴다고 뭐가 달라질까?" 하지만 1명이 아닌 1억 명이 모인다면요? 10억 명은요? 작게는 나부터 시작해서, 크게는 기업과 나라가 함께 나서면 큰 변화를 만들 수 있어요.

☑ 기사를 읽고 나의 느낌은? 흥미로워요 새로워요 공감해요  슬퍼요 화나요

내용 콕콕 내용 콕콕 잘 이해했는지, 신문의 중요한 내용을 콕콕 짚어 봐요!

✦ **신문의 내용과 맞으면 O 틀리면 X 하세요.**

1. 태평양 쓰레기 섬의 크기는 한반도의 약 2배예요. (   )
2. 한국산 쓰레기의 증가 속도는 일본과 중국보다 느려요. (   )
3. 플라스틱이 부서져 생긴 미세 플라스틱은 우리 몸까지 들어올 수 있어요. (   )

✦ **빈칸에 아래 단어를 넣어 문장을 완성하세요.**

| 지피지피 | 한반도 | 플라스틱 | 위협 |

_____의 약 7배 크기의 쓰레기 섬인 _____는 우리가 버린 _____으로 만들어져 결국 생태계와 인간을 _____하고 있어요.

어휘 쏙쏙 어휘를 알면 글이 더 쉬워져요!

✦ **어휘 풀이**

태평양	클 태太 평평할 평平 큰 바다 양洋
	지구에서 가장 큰 바다로, 아시아와 아메리카 대륙 사이에 위치함
미세 플라스틱	작을 미微 가늘 세細
	플라스틱 제품이 분해되면서 생긴 지름 5mm 이하의 작고 가는 플라스틱 조각
일회용	한 일一 돌아올, 횟수 회回 쓸 용用
	한 번 쓰고 버리는 용도의 것

✦ **어휘 연습!**

* 친구가 내 마음이 _____ 같이 넓다고 했어.
* 물고기가 _____을 먹으면 결국 우리도 플라스틱을 먹게 될 거야!
* _____ 컵 대신에 텀블러를 쓰니까 예쁘기도 하고 환경도 보호되니까 좋네!

지식 톡톡 알면 알수록 재미있어요!

동물들은 우리가 상상하는 것 이상으로, 플라스틱으로 인해 큰 고통을 겪고 있어요. 먹이로 착각하고 플라스틱을 먹는 불쌍한 생명들이 너무 많이 늘어나고 있답니다.

바다거북: 비닐봉지를 해파리로 착각해 먹어요. 배 속에서 플라스틱이 가득 차면 제대로 먹이를 먹지 못해 굶어 죽기도 해요.

새: 바닷가에 사는 새들은 반짝이는 플라스틱 조각을 먹이로 착각해 먹고 자기 새끼에게도 먹여요. 새들의 뱃속에는 플라스틱이 많이 있죠.

물고기: 플라스틱 조각이 미세 플라스틱으로 변하면 물고기들이 물속의 플랑크톤처럼 삼켜요. 이렇게 먹은 물고기는 우리의 밥상에 올라오기도 해요.

생활 쏙쏙 나의 생활과 연결해요!

페트병 450년, 플라스틱 빨대 200년, 비닐봉지 20년, 과자 봉지 500년, 칫솔 100년! 이 시간은 플라스틱이 완전히 자연 분해되는 데 걸리는 시간이에요. 우리가 버린 쓰레기는 정말 오랜 시간이 지나도 사라지지 않아요. 지구의 미래를 위해 내가 생활 속에서 실천할 수 있는 것을 체크해(☑) 보고 실천에 옮깁시다!

- ☐ 현관문 옆에 장바구니 걸어 놓고 슈퍼나 편의점에 갈 때마다 사용하기
- ☐ 외출할 때 물은 개인 물통에 담아 가기
- ☐ 학용품은 끝까지 다 쓰고 새로 사기
- ☐ 과자는 큰 봉지로 사서 나눠 먹기
- ☐ 플라스틱 장난감 버리지 말고 중고 거래 이용하기
- ☐ 플라스틱 테이프 대신 종이테이프 사용하기

논술 쏙쏙 나의 의견을 논리적으로 표현해요!

지구를 위한 우리의 노력, 더 이상 미룰 수 없어요. '환경 보호해야지!'라는 생각만 하는 데서 그치지 말고, 이제는 진짜 행동이 필요한 때예요. 지금부터 내가 할 수 있는 구체적인 실천 방법을 글로 써 보세요!

 ## 나는 지구를 지키기 위해 무엇을 할 수 있을까?

✦ **3단계 초 간단 논술 쓰기**

1단계	2단계	3단계
내가 고른 실천	고른 이유	구체적인 실천 방법

¹저는 플라스틱 빨대 안 쓰기에 도전하기로 했어요. ²한 번 쓰고 버린 플라스틱 빨대가 바다에서 200년 동안 썩지 않는다는 사실을 알고 너무 놀랐어요. 또 내가 버린 빨대를 바다거북이 먹은 것은 아닌가 하는 생각이 들어 마음이 아팠거든요. ³그래서 음료를 마실 땐 빨대 없이 마시거나 스테인리스 빨대를 사용할 거예요.

✦ **3단계 초 간단 논술 쓰기 방법에 맞춰 내 의견을 써 볼까요?**

★ 내가 고른 실천 ✎ _____

★ 고 른 이 유 ✎ _____
_____

★ 구체적인 실천 방법 ✎ _____
_____

환경

단 1%의 사람만 깨끗한 공기를 마신다고요?

> 📖 **읽기 전, 배경지식 쏙쏙!**
>
> **세계 보건 기구**
> 전 세계 사람들의 건강을 지키기 위해 설립된 국제기구로, 질병 예방, 보건 기준 설정, 공중 보건 연구 등을 담당해요. 예를 들어 전 세계에 전염병이 돌면 팬데믹에 대응하고 백신 개발과 보급에 힘을 쏟지요.

99%의 사람이 오염된 공기를 마신대요!

세계 보건 기구(WHO)에 따르면 전 세계 인구 중 단 1%만이 건강한 공기를 마시고 있다고 해요. 나머지 99%의 사람들은 먼지와 오염 물질이 가득한 공기 속에서 살아가고 있어요. 그 정도가 매우 심각한 나라는 한 달간 비행기 운행이 중단될 정도래요. 또한 이러한 **대기 오염** 정도는 나라의 경제 수준에 따라 공기 질이 크게 차이가 나는데 가난한 나라일수록 대기 오염이 더 심한 것으로 나타났어요.

대기 오염이 사람들에게 어떤 영향을 줄까요?

공기가 더러워지면 사람들은 숨쉬기 어려워지고, 심하면 폐 질환 같은 병을 일으키기도 해요. 매년 700만 명이 오염된 공기 때문에 세상을 떠난다고 하니 얼마나 심각한 수준인지 알 수 있지요?

어린이들에게 더 위험해요!

어른은 1분에 약 12번 숨을 쉬지만, 어린이는 1분에 20번 정도 숨을 쉬어요. 게다가 어린이는 몸이 성장하려면 더 많은 산소가 더 많이 필요해요. 그래서 똑같이 오염된 공간에 있어도 어른보다 더 많은 공기를 마시게 된답니다. 믿기 어렵겠지만, 동아시아와 태평양 지역에 사는 5살 미만 어린이들이 매일 100명씩 대기 오염 때문에 목숨을 잃는다고 해요.

깨끗한 공기를 위해 우리가 할 수 있는 일은?

공기를 깨끗하게 만들기 위해서는 **화석 연료**를 덜 쓰고 **태양광** 에너지, 풍력 에너지 등 친환경 에너지를 사용해야 해요. 가까운 거리는 걷거나 대중교통 이용할 수도 있어요. 나무를 심는 것도 지구의 공기를 깨끗하게 하는 데 도움이 된답니다.

☑ 기사를 읽고 나의 느낌은?  흥미로워요  새로워요 공감해요 슬퍼요 화나요

내용 콕콕 내용 콕콕 잘 이해했는지, 신문의 중요한 내용을 콕콕 짚어 봐요!

✦ 신문의 내용과 맞으면 O 틀리면 X 하세요.

1. 세계 인구의 99%는 세계 보건 기구(WHO) 기준에 맞는 깨끗한 공기를 마시고 있어요. (   )
2. 나라의 경제 수준과 상관없이 공기질은 모두 같아요. (   )
3. 어린이들은 똑같이 오염된 공간에 있어도 어른보다 더 많은 공기를 마셔요. (   )

✦ 빈칸에 아래 단어를 넣어 문장을 완성하세요.

| 99% | 화석 연료 | 대기 오염 | 오염된 |

세계 인구의 _____가 _____ 공기를 마시고 있으며, _____ 문제를 해결하려면 _____ 사용을 줄이는 노력이 필요해요.

어휘 쏙쏙 어휘를 알면 글이 더 쉬워져요!

✦ 어휘 풀이

대기 오염	큰 대大 기운 기氣 더러울 오汚 물들 염染
	공기 중에 오염 물질이 증가하여 사람과 환경에 해로운 영향을 주는 현상
화석 연료	될 화化 돌 석石 불탈 연燃 헤아릴 료料
	지질 시대에 살던 동식물의 흔적이 땅속에 묻혀 오랜 시간 동안 변하여 만들어진 연료(석유, 석탄, 천연가스 등)
태양광	클 태太 별 양陽 빛 광光
	태양 빛을 이용해 전기를 생산하는 친환경 에너지원

✦ 어휘 연습!

* _____이 심한 날에는 마스크를 쓰고 외출하는 게 좋아요.
* 우리 집 지붕에는 햇빛을 전기로 바꿔 주는 _____ 패널이 있어요.
* _____는 지구에 있는 양이 정해져 있어서 언젠가는 고갈될 수 있어요.

지식 톡톡 알면 알수록 재미있어요!

침묵의 살인자 '대기 오염'

미세 먼지의 진짜 모습

미세 먼지는 우리 머리카락 두께의 1/7 정도로 작아요. 초미세 먼지는 1/30 정도로 더 작죠. 그래서 코나 목의 점막에서 걸러지지 않고 폐 속 깊숙이 들어갈 수 있어요. 가장 작은 초미세 먼지는 혈관을 타고 우리 몸 곳곳으로 퍼질 수도 있답니다.

폐에 쌓이는 검은 먼지

의사 선생님들이 공기가 나쁜 도시에 사는 사람들의 폐를 검사해 보면, 깨끗한 분홍색이 아닌 검은 반점들이 있는 경우가 많대요. 이런 폐로는 숨쉬기가 점점 힘들어지죠.

천식과 알레르기가 늘어나요

공기 오염이 심한 지역에 사는 어린이들은 천식이나 알레르기가 생길 확률이 2배나 높아요. 학교에 가지 못하고 병원에 가는 날이 많아지고, 운동을 마음껏 할 수도 없게 될 수 있어요.

뇌에도 좋지 않아요

아이들이 미세 먼지에 장기간 노출되면 뇌 발달에도 영향을 줄 수 있어요. 미세 먼지가 혈관을 통해 뇌로 들어가면 기억력과 집중력이 떨어질 수 있고, 학습 능력에도 영향을 미칠 수 있답니다. 또한 자폐증 발생 가능성이 높아진다는 연구 결과도 있어요.

생활 쏙쏙 나의 생활과 연결해요!

눈에 보이지 않는다고 해서 몸에 해롭지 않은 건 아니에요. 매일 대기오염 정도를 확인하고, 필요할 땐 마스크를 쓰거나 공기 청정기의 도움을 받아야 건강을 지킬 수 있어요.

✦ **우리나라 미세 먼지 현황**

우리나라 미세 먼지는 계절에 따라 변화가 큰데, 봄과 겨울에 농도가 높은 편이에요.

서울의 연평균 미세 먼지 농도는 점차 개선되고 있지만, 아직 WHO 권고 기준보다는 높은 수준이에요.

✦ **미세 먼지 환경부 '에어코리아'**(www.airkorea.or.kr) 사이트에서 우리 동네의 오늘 공기 상태를 확인해 보세요!

| 논술 똑똑 | 나의 의견을 논리적으로 표현해요! |

이번 기사에서 대기 오염이 사람에게 얼마나 나쁜 영향을 끼치는지 알 수 있었어요. 더 많은 사람들에게 대기 오염의 심각성을 알리는 글을 논리적으로 써 보세요!

대기 오염의 심각성, 아직도 모르신다고요?!

✦ **3단계 초 간단 논술 쓰기**

1단계	2단계	3단계
문제 알리기	구체적인 예를 들기	해결책 제안하기

[1]대기 오염은 우리가 생각하는 것보다 훨씬 심각해요. [2]예를 들어, 5살 미만의 아이가 매년 100만 명씩 목숨을 잃을 정도지요. [3]우리는 가까운 거리는 자동차 대신 자전거를 타거나 나무를 더 심어서 공기를 더 깨끗하게 할 수 있어요.

✦ **3단계 초 간단 논술 쓰기 방법에 맞춰 내 의견을 써 볼까요?**

★ 문 제   알 리 기 ✏ _____

_____

★ 구체적인 예를 들기 ✏ _____

_____

★ 해결책 제안 하기 ✏ _____

_____

환경

비버는 생태계의 영웅일까, 악당일까?

더 궁금하다면?

어라? 전 모르는 일인데요?

📖 **읽기 전, 배경지식 쏙쏙!**

댐
하천이나 강물의 흐름을 막아 물을 가두거나 조절하는 인공 구조물이에요. 주로 전기를 만들거나, 물을 저장하고 홍수를 조절하기 위해 만들어요. 우리 나라에는 대표적으로 소양강댐이 있어요.

18억 원을 벌어 준 비버?
체코에서는 강가에 새로운 댐을 만들 계획이었어요. 하지만 여러 문제가 있어 공사를 7년간 제대로 시작하지도 못했죠. 그러던 와중에 이곳에 비버 8마리가 집을 짓기 시작했어요! 비버는 물속에서 안전하게 살기 위해 나무, 돌, 진흙으로 천연 댐을 만들었어요. 놀랍게도, 비버가 만든 댐 덕분에 체코 정부는 더 이상 댐을 지을 필요가 없어졌고, 약 18억 원을 절약할 수 있었대요!

비버 덕분에 강가가 시끌벅적해졌어요
그뿐만이 아니에요. 비버가 댐을 짓자, 주변에 **습지**가 생겼고, 물살이 느리게 흐르는 곳, 빠르게 흐르는 곳, 깊게 고인 곳 등이 만들어졌어요. 이런 환경 덕분에 더욱 다양한 생물들이 새로운 보금자리를 찾게 되었죠. 그래서 사람들은 비버를, **생태계**를 살리는 '자연의 영웅'이라고 부른답니다!

비버 때문에 지구 온난화가 심해진다고요?
반면, 알래스카에서는 비버가 만든 습지 때문에 영구 동토층(1년 내내 0도 이하로 유지되는 땅)이 녹고, 그 안에 갇혀 있던 온실가스가 대량 배출된다는 연구 결과가 나왔어요. 온실가스는 지구 온난화를 **가속화**하죠. 또한, 일부 지역에서는 비버가 지은 댐이 강의 흐름을 바꿔 홍수를 더 심하게 만들었다고 해요. 그래서 어떤 사람들은 비버를, 생태계를 망치는 '골칫거리'라고 말하기도 한답니다.

비버는 그저 집을 지었을 뿐이지만
비버는 댐을 만들어 다양한 생물들에게 보금자리를 주기도 하지만, 기후 변화와 맞물려 예상치 못한 문제도 일으키죠. 비버는 생태계의 영웅일까요, 아니면 골칫거리일까요? 여러분의 생각은 어떤가요?

☑ 기사를 읽고 나의 느낌은? 흥미로워요 새로워요 공감해요   슬퍼요 화나요

내용 콕콕 내용 콕콕 잘 이해했는지, 신문의 중요한 내용을 콕콕 짚어 봐요!

✦ **신문의 내용과 맞으면 O 틀리면 X 하세요.**

1. 체코에서는 비버가 만든 댐 덕분에 정부가 약 18억 원을 절약할 수 있었어요. (   )
2. 비버가 만든 댐 주변에는 다양한 생물들이 살 수 있는 습지가 형성돼요. (   )
3. 비버가 만든 습지로 영구 동토층이 더욱 단단히 얼고 온실가스를 가두어요. (   )

✦ **빈칸에 아래 단어를 넣어 문장을 완성하세요.**

| 생태계 | 비버 | 영구 동토층 | 댐 |

_____는 _____을 만들어 _____를 풍부하게 하지만, _____

이 녹아 온실가스가 배출되는 등 환경 문제를 일으키기도 해요.

어휘 쏙쏙 어휘를 알면 글이 더 쉬워져요!

✦ **어휘 풀이**

습지	젖을 습濕 땅 지地
	물이 스며들거나 고여 있어 늘 축축한 땅
생태계	날 생生 모습 태態 이을 계系
	자연에서 생물과 환경이 서로 영향을 주고받으며 살아가는 관계
가속화	더할 가加 빠를 속速 될 화化
	속도를 더하여 점점 빨라짐

✦ **어휘 연습!**

* _____는 작은 생물부터 큰 생물까지 먹이 사슬로 연결되어 있어요.
* 강가의 _____는 빗물을 머금었다가 천천히 내보내는 자연의 스펀지 역할을 해요.
* 최근 몇 년 전부터 저출생이 점점 _____되는 걸 체감할 수 있어요.

지식 톡톡 알면 알수록 재미있어요!

자연 지형을 바꾸는 동물들!

동물들의 작은 행동이 쌓이면 땅과 강, 숲까지 바꿀 수 있대요. 이는 대홍수 수십만 번의 에너지와 맞먹는 수치라고 해요.

수많은 흰개미가 모여 거대한 개미탑을 만들어요. 이 개미탑이 점점 늘어나면 땅의 모양까지 바뀌는데 실제로 브라질에서는 영국 크기만 한 지하 개미굴이 발견되었어요.

연어는 바다에서 강으로 거슬러 올라가요. 이 과정에서 강바닥의 돌멩이와 흙이 밀려나며 물길이 달라지고 그곳에 사는 물고기들의 서식지도 변할 수 있어요.

코끼리는 먹이를 찾기 위해 하루에 수십 그루의 나무를 쓰러뜨려요. 이렇게 나무가 줄어들면 높은 나무 대신 풀이 가득한 넓은 초원으로 바뀌어요.

생활 쏙쏙 나의 생활과 연결해요!

작은 행동이 큰 변화를 만들어요!

나비가 작은 날갯짓을 하면, 그 바람이 점점 커져서 먼 곳에는 큰 폭풍을 일으킬 수도 있어요. 이를 '나비 효과'라고 해요. 작은 행동이 예상하지 못한 큰 변화를 만들 수 있다는 뜻이에요.

✦ 비버가 강가에 나무를 모으면 ➡ 댐이 만들어지고 ➡ 물이 고여 습지가 생기고 ➡ 다양한 동물이 모여들어 ➡ 풍성한 생태계가 만들어져요.

비버는 그저 집을 지었을 뿐인데, 주위 환경이 바뀐 거예요!

✦ 그럼 내가 길가에 쓰레기를 주우면 어떤 일이 생길까요?

내가 길가에 버려진 쓰레기를 주우면 ➡ ✎ _____

글쓰기 반짝 다양한 방법의 글쓰기를 해 봐요!

▲ 태풍 보리스로 물바다가 된 체코 프라하

2024년 10월 폴란드, 체코, 루마니아 등 유럽 중동부에서 태풍 보리스(Boris)로 인한 대형 홍수가 발생했어요. 영국 BBC 보도에 따르면, 이 이례적인 홍수로 유럽에서 최소 24명이 목숨을 잃었지요.

그런데 최근 홍수 피해를 키운 원인으로 '비버'가 지목되면서 논란이 일고 있어요. 비버가 만든 댐 때문에 강둑이 무너져 피해가 커졌다고요.

전 정말 억울하다고요~

하지만 비버들은 억울할 거예요. 그저 살 집을 지었을 뿐인 데다, 비버가 만든 댐은 오히려 물을 가두어 사람들에게 도움이 되는 경우가 많거든요. 비버는 말을 할 수 없으니, 여러분이 비버의 변호사가 되어 비버의 입장을 변호하는 글을 써 보세요!

변호하는 글쓰기 억울한 비버를 변호해요!

✏️ 여러분, 안녕하세요! 저는 오늘 비버를 대신해 변호하는 (　　　　　)변호사입니다!

홍수 피해를 키운 원인으로 비버를 지목한 것은 비버에게 매우 억울한 일입니다. 왜냐하면

환경

바닷물에 잠기지 않으려고
축구팀을 만들었죠.

> 📖 **읽기 전, 배경지식 쏙쏙!**
>
> **기후 난민**
>
> 기후 변화로 인한 홍수, 가뭄, 해수면 상승 같은 자연재해를 피해 살던 곳을 떠나야 하는 사람들을 말해요. 점점 더 기후 난민들은 늘어나고 있지만 아직 법적으로 보호받을 수는 없다고 해요.

태평양 한가운데 있는 '마셜 제도'라는 작은 나라가 특별한 축구팀을 만들었어요. 이 나라는 평균 **해발 고도**가 고작 2m에 불과해 머지않아 나라가 바다에 잠길 위험에 처해 있죠. 하지만 마셜 제도 사람들은 포기하지 않고 축구를 통해 전 세계에 자신들의 존재와 기후 위기의 현실을 알리기로 했어요.

유니폼에 숨겨진 의미

마셜 제도는 특별한 축구 유니폼도 만들었어요. **해수면** 상승으로 국가가 사라질 수 있다는 메시지를 담아 유니폼을 제작했어요. 이 옷에는 '1.5'라는 숫자가 크게 적혀 있는데, 지구의 평균 기온이 1.5도 상승하면 마셜 제도 같은 섬나라들이 바닷물에 잠길 위험이 커지므로, 이에 대한 **경각심**을 가져야 한다는 의미를 담고 있어요.

전쟁 난민보다 더 많아진 기후 난민

놀랍게도 '기후 난민'이 '전쟁 난민'보다 더 많은 실정이에요. 파나마의 한 작은 섬에서는 1,300명의 주민이 바닷물이 차올라 섬을 떠나야 했고, 투발루라는 나라는 바다에 잠길 위험에 처해 있어요.

우리 모두의 일이죠

기후 난민은 가난한 나라에서 특히 많이 발생하고 있어요. 갑작스러운 홍수나 오랜 가뭄을 막을 시설도 없고, 자연재해가 일어났을 때 이를 복구할 능력도 부족하기 때문이에요. 유엔난민기구에 따르면 현재 기후 난민은 2,000만 명이 넘고, 2050년이 되면 10억 명으로 늘어날 전망이라고 해요. 이런 위기를 막으려면 한 나라가 아닌, 전 세계 사람들이 지구 온난화를 막기 위해 함께 노력해야 해요. 마셜 제도가 전 세계에 축구를 통해 전하고 싶었던 메시지도 바로 이것이랍니다.

✅ 기사를 읽고 나의 느낌은?  흥미로워요 새로워요 공감해요 슬퍼요  화나요

내용 콕콕
내용 콕콕 잘 이해했는지, 신문의 중요한 내용을 콕콕 짚어 봐요!

✦ **신문의 내용과 맞으면 O 틀리면 X 하세요.**

1. 마셜 제도는 축구 유니폼을 제작해 기후 위기의 심각성을 알리고 있어요. (　　)
2. '1.5'라는 숫자는 마셜 제도 축구팀의 경기 승률을 나타내요. (　　)
3. 지구의 평균 기온이 1.5도 상승하면 마셜 제도 같은 섬나라들이 바닷물에 잠길 위험이 커져요. (　　)

✦ **빈칸에 아래 단어를 넣어 문장을 완성하세요.**

| 마셜 제도 | 축구팀 | 기후 난민 | 해수면 |

＿＿＿＿＿ 상승으로 나라가 잠길 위험에 처한 ＿＿＿＿＿는 ＿＿＿＿＿을 만들어 ＿＿＿＿＿ 문제, 지구 온난화의 심각성을 알리고 있어요.

어휘 쏙쏙
어휘를 알면 글이 더 쉬워져요!

✦ **어휘 풀이**

해발 고도	바다 해海 뽑을 발拔 높을 고高 법도 도度
	바다의 평균 수면을 기준으로 잰 땅의 높이
해수면	바다 해海 물 수水 낯 면面
	바닷물의 표면
경각심	경계할 경警 깨달을 각覺 마음 심心
	정신을 차리고 주의 깊게 살피어 경계하는 마음

✦ **어휘 연습!**

* 에베레스트산의 ＿＿＿＿＿는 약 8,848m이지만, 마셜 제도는 평균 2m에 불과해요.
* 기사를 읽고 기후 변화에 대한 ＿＿＿＿＿이 생겼어요.
* 지구 온난화로 인해 ＿＿＿＿＿이 계속 상승하고 있어요.

지식 톡톡 알면 알수록 재미있어요!

해수면 상승으로 태국, 인도네시아, 이탈리아, 파나마, 몰디브, 투발루 등 많은 나라가 위기에 처해 있답니다.

파나마 ➡ 구나족 원주민들이 살던 섬이 바닷물에 잠기면서, 바닷물이 길이나 집안까지 들어와 거주가 어려워졌어요. 파나마 정부는 육지에 새 마을을 만들어 이주를 시작했어요. 하지만 오랜 세월 바다에서 살아온 원주민들에게 육지에서의 생활은 낯설고, 생계를 이어가는 데 어려움이 있어요.

이탈리아 베네치아 ➡ 세계적인 관광 도시 베네치아는 매년 바닷물이 차올라 거리와 광장이 침수돼요. 건물 1층이 부식되고, 배를 타거나 장화를 신고 다녀야 할 때도 있어요. 침수를 막기 위해 780m 수문(모세 프로젝트)을 설치했지만, 기후 변화로 침수는 계속 반복되고 있어요.

생활 쏙쏙 나의 생활과 연결해요!

우리가 심각성을 잘 느끼지 못할 뿐, 우리나라에서도 이미 해수면이 오르고 있답니다.

더 궁금하다면?

✦ **인천, 인천 국제 공항**
  ➡ 인천은 해수면 상승 속도가 빨라 해안가 도로가 잠기는 일이 이미 발생하고 있어요. 섬(영종도) 위에 지어진 인천 공항도 침수 위험이 커지고 있어요.

✦ **충남 당진, 전북 군산·김제**
  ➡ 서해안 지역은 땅이 낮고 논밭이 많은 지역이라 물에 잠기면 농사에 큰 피해가 생겨요.

✦ **부산 해운대·광안리**
  ➡ 해변의 모래사장이 점점 줄어들고, 항구와 도심 지역도 침수 위험에 놓여 있어요.

▲ 2030년 해수면 상승으로 인한 침수 예상 지역

글쓰기 반짝 다양한 방법의 글쓰기를 해 봐요!

해수면 상승으로 나라 전체가 물에 잠길지도 모르는 위기를 겪고 있는 사람들이 있어요. 살던 땅과 집, 그리고 나라까지 사라질 수 있는 상황에서 그들의 마음은 과연 어떨까요? 사진 속 인물이 하고 싶은 말을 상상하며 말풍선을 채워 보세요!

 상상하며 말풍선 쓰기 ## 만약 해수면이 계속 상승한다면….

투발루의 해수면 상승 문제를 알리기 위해 수중 연설하는 투발루 외무부 장관

바닷물에 허벅지까지 잠긴 채 연설을 한 이 장면은, 해수면 상승으로 국토 전체가 사라질 위기에 놓인 투발루의 절박함을 보여 줘요.

더 궁금하다면?

살던 집을 두고 육지로 이주 중인 파나마 섬의 주민들

바닷물이 집안까지 차오르자, 섬에 살던 사람들이 배를 타고 평생 살아온 고향을 떠나고 있어요.

더 궁금하다면?

환경

제 방귀가 문제라고요?

📖 **읽기 전, 배경지식 쏙쏙!**

메탄
메탄은 동물의 소화 과정이나 쓰레기 매립지에서 발생하는 온실가스로, 지구 대기 중에 열을 가두는 역할을 해요. 같은 양의 이산화 탄소보다 약 80배나 강한 온실 효과가 나타나요.

소가 트림을 하거나 방귀를 뀌면 지구가 더워진다고요?

소의 트림과 방귀에서 메탄가스(CH_4)가 나오는데요. 이 메탄은 자동차 배기가스에서 내뿜는 이산화 탄소보다 80배나 더 강력한 온실가스예요. 온실가스는 지구 대기를 둘러싸고, 지구의 열이 밖으로 빠져나가지 못하게 해요. 그래서 지구가 더 뜨거워지는 지구 온난화를 일으켜요.

소는 억울하다고요

소나 양 같은 **가축** 입장에서 보면 억울할 거예요. 가축들은 영양소를 더 많이 흡수하기 위해 **되새김질**을 하는데 그때 소화 과정에서 소는 방귀를 뀌고 트림을 해요. 이건 아주 자연스러운 생리 현상이거든요.

사람들이 고기를 좋아하니 많이 기를 수밖에요

우리나라 사람들은 예전보다 고기를 훨씬 더 많이 먹고 있어요. 1년 동안 한 사람이 먹는 고기의 양이 60kg이 넘고, 쌀은 1년에 56kg을 먹어요. 이제는 우리나라 사람들이 쌀보다 고기를 더 많이 소비하게 된 거예요. 하지만 사람들이 고기를 많이 먹는 만큼 더 많은 소를 키워야 하고, 그만큼 더 많은 메탄이 발생하겠지요?

고기 대신 곤충은 어때요?

이런 문제를 해결하기 위해 전 세계 과학자들은 열심히 연구하고 있어요. 소의 건강에는 해롭지 않으면서 메탄 발생을 줄일 수 있는 특별한 사료를 만들고 있답니다. 또 앞으로 고기 말고도 다양한 방법으로 **단백질**을 섭취하는 것도 추천한대요. 식물성 고기나 곤충으로도 단백질을 섭취할 수 있다고 하네요.

내용 콕콕
내용 콕콕 잘 이해했는지, 신문의 중요한 내용을 콕콕 짚어 봐요!

✦ 신문의 내용과 맞으면 O 틀리면 X 하세요.

1. 소가 트림을 하는 것은 장난 혹은 나쁜 습관 때문이에요. (   )
2. 우리나라 사람들은 쌀보다 고기를 더 많이 먹어요. (   )
3. 단백질은 오직 고기를 통해서만 섭취할 수 있어요. (   )

✦ 빈칸에 아래 단어를 넣어 문장을 완성하세요.

| 메탄 | 지구 온난화 | 방귀 | 해결책 |

소의 트림과 _____에서 나오는 _____가스가 _____의 주요 원인이 되고 있어 과학자들이 _____을 찾고 있어요.

어휘 쑥쑥
어휘를 알면 글이 더 쉬워져요!

✦ 어휘 풀이

가축	집 가家 짐승 축畜
	집에서 기르는 짐승으로 소, 말, 돼지, 닭, 개 등을 이르는 말
되새김질	한번 삼킨 먹이를 다시 게워 내어 씹는 것
단백질	새알 단蛋 흰 백白 바탕 질質
	근육, 피부, 머리카락 같은 몸의 여러 부분을 만들고 자라게 도와주는 영양소

✦ 어휘 연습!

* 할아버지께서는 닭이나 소 등 _____들을 길러 파는 일을 하세요.
* 소가 계속 우물우물하길래 물어봤더니 _____하는 거래요.
* 엄마는 내가 키 크려면 _____을 골고루 먹으라고 하셨어요.

지식 톡톡 — 알면 알수록 재미있어요!

'되새김질'이 뭐냐고요?

소는 한 번 삼킨 풀을 게워 낸 후에 다시 씹어 먹어요. 풀은 분해가 잘되지 않는 섬유질로 이루어져 있어 소화하기 어렵거든요. 소는 놀랍게도 4개의 위를 가지고 있어요. 첫 번째 위에서 미생물이 음식을 분해하고 발효시킨 후, 되새김질을 하여 다시 입으로 꺼내 씹어요. 그 후 두 번째 위로 음식을 보내죠. 이런 독특한 소화 과정에서 메탄가스가 발생해요. 메탄은 공중에 머물며 지구 열기를 가두어요. 마치 두꺼운 담요로 지구를 싸는 것처럼요!

생활 쏙쏙 — 나의 생활과 연결해요!

지구가 점점 뜨거워진다면 우리의 생활은 폭염과 가뭄, 폭설, 폭우 등이 일상이 될 거예요. 이렇게 지구를 뜨겁게 만드는 것은 소뿐만이 아니에요. 우리 생활 곳곳에서 많이 배출되고 있는데 어디에서 생겨나고 있는지 알아볼까요?

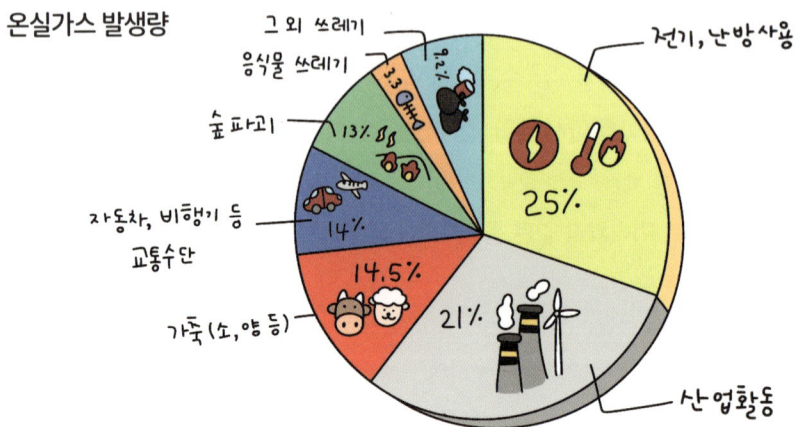

온실가스 발생량

◆ 지구를 지키기 위해 내가 할 수 있는 일 한 가지를 찾아 다짐을 적어 보세요!

나는 ✎ _____ 를 꼭 지키겠습니다!

글쓰기 반짝 다양한 방법의 글쓰기를 해 봐요!

우리가 하고 싶은 말을 짧고 강하게 전달하는 재미있는 문구를 '슬로건(표어)'이라고 해요. 사람들의 행동을 이끌기 위해 자신의 요구나 생각을 간결하게 나타내는 말이죠. 대표적인 불조심을 위한 슬로건은 '자나 깨나 불조심', '꺼진 불도 다시 보자'가 있어요. 이번에는 지구 온난화를 막기 위한 나만의 슬로건을 한번 만들어 볼까요?

 슬로건 만들기 지구 온난화를 막읍시다!

예시
- 일주일에 하루는 채식하는 날!
- 걸으면 나도 건강! 지구도 건강!
- 콘센트를 빼면 지구가 살아요
- 지구를 위해 오늘은 콩고기

✦ 지구 온난화를 막기 위해 재미있는 슬로건을 만들고 그림도 그려 보세요.

정답

✦ 경제 ✦

015쪽 **내용 콕콕:** O, X, O / 청소년, 전용, 편리, 과소비
어휘 쑥쑥: 과소비, 무인 계산대, 명의

019쪽 **내용 콕콕:** O, X, O / 다이소, 건강 기능 식품, 소비자, 약사
어휘 쑥쑥: 난색, 소비자, 오남용

023쪽 **내용 콕콕:** O, O, X / 구독 경제, 제품, 매달, 경제
어휘 쑥쑥: 해지, 공유, 과유불급

027쪽 **내용 콕콕:** O, X, X / 펭귄 효과, 다른 사람, 구매, 심리
어휘 쑥쑥: 출시, 희소성, 심리

031쪽 **내용 콕콕:** X, X, O / 금값, 불안, 안전, 자산
어휘 쑥쑥: 채굴, 고공 행진, 헐값

035쪽 **내용 콕콕:** O, O, X / 2030세대, 불안감, 요노 소비, 팬덤 소비
어휘 쑥쑥: 떨이, 구두쇠, 소비

039쪽 **내용 콕콕:** O, X, O / 가뭄, 농작물, 물건값, 기후플레이션
어휘 쑥쑥: 물가, 기후, 재배

✦ 사회 ✦

043쪽 **내용 콕콕:** X, O, X / 연구팀, 디즈니, 탈모, 건강
어휘 쑥쑥: 우울증, 반려동물, 잿더미

047쪽 **내용 콕콕:** X, O, X / 수도권, 생활 폐기물, 소각장, 지연
어휘 쑥쑥: 대란, 진퇴양난, 소각장

051쪽 **내용 콕콕:** O, O, O / 경찰관, 초등학생, 감사, 치킨
어휘 쑥쑥: 기부, 수소문, 성의

055쪽 **내용 콕콕:** O, O, O / 플레이브, 컴퓨터, 버추얼, K-팝
어휘 쑥쑥: 아이돌, 인식, 가상

059쪽 **내용 콕콕:** O, O, X / 운전, 설렘과 기다림, 뇌와 행동
어휘 쑥쑥: 페달, 긍정적, 능숙

063쪽 **내용 콕콕:** X, X, O / 3일, 주 4일제, 시행, 준비
어휘 쑥쑥: 경제 성장률, 임금, 인력

067쪽 **내용 콕콕:** O, O, X / 인스타그램, 18, 안전한, 청소년 계정
어휘 쑥쑥: 프라이버시, 중독, SNS

071쪽 **내용 콕콕:** X, X, O / 캐릭터, 키덜트족, 과소비, 현명한
어휘 쑥쑥: 사재기, 동심, 신조어

075쪽 **내용 콕콕:** O, X, X / 한강, 한국, 노벨, 문학상
어휘 쑥쑥: 신드롬, 문학, 육식

079쪽 **내용 콕콕:** X, O, O / 불량 식품, 건강, 식품, 신고
어휘 쑥쑥: 위생, 식중독, 첨가물

083쪽 **내용 콕콕:** O, O, X / 헌법재판소, 일치, 윤석열, 파면
어휘 쑥쑥: 국회, 헌법, 계엄

✦ 과학 ✦

087쪽 **내용 콕콕:** O, X, O /스트레스, 매운맛, 입맛
어휘 쑥쑥: 수출, 사나이, 알파 세대

091쪽 **내용 콕콕:** O, O, X / 테슬라, 사이버캡, 규제, 해결
어휘 쑥쑥: 규제, 해소, 인공 지능

095쪽 **내용 콕콕:** X, X, O / 사람, 휴머노이드 로봇, 중국
어휘 쑥쑥: 선도, 흡사, 파급

099쪽 **내용 콕콕:** X, O, X / AI 기술, 독립운동가, 웃는,

감동
어휘 쑥쑥: 광복절, 열사, 독립운동가

103쪽 **내용 콕콕**: X, O, X / 색깔, 기분, 전환, 안정감
어휘 쑥쑥: 활력, 배치, 도파민

107쪽 **내용 콕콕**: X, O, X / 다누리, 탐사선, 충돌
어휘 쑥쑥: 작별, 탐사선, 궤도

111쪽 **내용 콕콕**: X, X, O / 바다거북, 회유성, 자기장, 길
어휘 쑥쑥: 회유성, 해양 동물, 번식기

◆ 세계 ◆

115쪽 **내용 콕콕**: O, X, X / 트럼프, 47, 미국, 우선시
어휘 쑥쑥: 구호, 취임, 행보

119쪽 **내용 콕콕**: X, O, O / 열두, 한 해, 띠, 동물
어휘 쑥쑥: 음력, 농작물, 띠

123쪽 **내용 콕콕**: O, O, X / 러·우, 2022, 파괴, 전쟁
어휘 쑥쑥: 침공, 영토, 서방

127쪽 **내용 콕콕**: O, O, X / 애기봉, 스타벅스, 북한, 주목
어휘 쑥쑥: 선사, 격전지, 전망대

131쪽 **내용 콕콕**: O, X, X / 세계 행복 보고서, 핀란드, 행복, 연결
어휘 쑥쑥: 상위권, 선정, 신뢰

135쪽 **내용 콕콕**: O, X, X / 중국, 잠정 조치 수역, 구조물, 대응
어휘 쑥쑥: 인공, 구조물, 양식장

139쪽 **내용 콕콕**: X, O, O / 아프리카, 젊은, 자원, 대륙
어휘 쑥쑥: G20 정상 회의, 인구, 광물 자원

143쪽 **내용 콕콕**: O, X, X / 식문화, 취향, 세계, 논쟁
어휘 쑥쑥: 호불호, 편견, 취향

◆ 환경 ◆

147쪽 **내용 콕콕**: O, O, O / 폐지폐, 비용, 시계, 재활용
어휘 쑥쑥: 충전재, 처리, 창출

151쪽 **내용 콕콕**: O, X, O / 도시, 가뭄, 기후 채찍질, 피해
어휘 쑥쑥: 침수, 극단적, 폭우

155쪽 **내용 콕콕**: O, X, O / 틱톡, 전기, 탄소 발자국, 지구 온난화
어휘 쑥쑥: 이산화 탄소, 지구 온난화, 온실가스

159쪽 **내용 콕콕**: X, X, O / 폐의약품, 폐커피캡슐, 에코 우체통
어휘 쑥쑥: 폐의약품, 에코, 투함구

163쪽 **내용 콕콕**: X, X, O / 한반도, 지피지피, 플리스틱, 위협
어휘 쑥쑥: 태평양, 미세 플라스틱, 일회용

167쪽 **내용 콕콕**: X, X, O / 99%, 오염된, 대기 오염, 화석 연료
어휘 쑥쑥: 대기 오염, 태양광, 화석 연료

171쪽 **내용 콕콕**: O, O, X / 비버, 댐, 생태계, 영구 동토층
어휘 쑥쑥: 생태계, 습지, 가속화

175쪽 **내용 콕콕**: O, X, O / 해수면, 마셜 제도, 축구팀, 기후 난민
어휘 쑥쑥: 해발 고도, 경각심, 해수면

179쪽 **내용 콕콕**: X, O, X / 방귀, 메탄, 지구 온난화, 해결책
어휘 쑥쑥: 가축, 되새김질, 단백질

논술 똑똑 & 글쓰기 반짝 어린이 글쓰기 모음

안녕? 나나쌤이에요!
신문 재미있게 읽었나요?
어렵게 보이던 글쓰기도 신문과 만나면 신기하게 줄줄 써져요.
글쓰기에 부담 가질 필요 없어요!
모두의 생각은 다 다르니까요.
그럼 다른 친구들은 '논술 똑똑'과 '글쓰기 반짝'에 어떤 글을 썼는지 살짝 구경해 볼까요?

5학년 제주삼양초등학교 안지예 어린이

017쪽 글쓰기 반짝 | 카드가 최고야! vs 역시 현금이지!

O 의견 주장 저는 카드가 좋다고 생각합니다.
R 이유 계산을 할때 편하기 때문입니다.
E 예시 예를들어, 현금으로 계산 할때는 돈을 세느라 불편한데, 카드는 한장으로 빠르고 편하게 계산할수있습니다
O 의견강조 그래서 저는 카드가 좋습니다.

3학년 동탄초등학교 조윤서 어린이

021쪽 논술 똑똑 | 다이소의 건강 기능 식품 판매에 대한 여러분의 생각은?

저는 다이소에서 건강 기능 식품을 파는 것을 반대해요. 왜냐하면 약을 잘못 골라서 아무거나 먹었다가 아플 수 있기 때문이에요. 그리고 약국은 가격이 더 비싸지만, 전문적으로 뭘 먹어야 되는지 알려줘요. 그래서 약국이나 전문적으로 상담 할수 있는 곳에서 건강 기능 식품을 구매 하는 것이 훨씬 안전하다고 저는 생각해요.

2학년 상대초등학교 신소율 어린이

025쪽 논술 똑똑 | 내가 만들고 싶은 구독 서비스는?

★ 불편한 점 찾기
우리집은 냉장고를 잘 정리하지 않아서 냄새가 날 때도 있어요!!

★ 해결 방법 찾기
그렇다면, 매달 한번씩 냉장고를 정리해주는 서비스는 어떨까요?

★ 구독 서비스 만들기
서비스 이름은 '멋쟁이 냉장고'고, 항상 불쾌한 기분을 없애 주는 서비스예요!

4학년 과천 율목초등학교 석리율 어린이

045쪽 **글쓰기 반짝** | 디즈니 주인공에게 편지를 써 볼까?

-주디에게-

안녕 주디야! 나는 「주토피아」 영화를 보고 궁금증이 많아서 물어보려고 편지를 써! 그럼 이제 궁금한 걸 물어볼게! 첫번째는 왜 토끼가 경찰이 되고 싶었니? 경찰은 큰 동물들이 대부분인데, 토끼가 경찰을 해서 대단하고, 경찰이 되고 싶었던 이유가 궁금하기도 했어! 두번째는 경찰이 되고 무섭지는 않았는지 궁금했어! 나의 궁금증은 여기까지고 언제나 응원할게!

2025년 8월 10일
-리율-

추신: 닉이랑은 어떻게 지내?

4학년 서일초등학교 박윤서 어린이

049쪽 **글쓰기 반짝** | 과연 쓰레기 소각장은 어디에?

 주민 입장 우리 동네에 소각장이 생기는 건 반대해요!

왜 냐 하 면 냄새가 많이 나고 시끄럽기 때문입니다. 또, 벌레가 많이 생깁니다.

 정부 입장 소각장은 모두를 위해 꼭 필요합니다!

왜 냐 하 면 소각장이 없으면, 길고, 화장실에 쓰레기가 많아져서 깨끗하지 않기 때문입니다.

3학년 능곡초등학교 홍라엘 어린이

081쪽 글쓰기 반짝 | 우리 집 건강 간식을 소개해요!

* 건강 간식 이름: 슬라이스 애플 땅콩버터
* 재료: 사과, 칼, 땅콩버터
* 만드는 법: 사과를 칼로 얇게 슬라이스 한 뒤, 그 사과에 땅콩버터를 뿌리면 끝!
* 소개: 우리 집은 가끔씩 얇게 자른 사과에 땅콩버터를 바른 뒤에 먹어요. 그리고 식이섬유와 비타민이 풍부한 사과와 단백질과 좋은 지방을 가진 땅콩이 만나면 장운동이 활발해지고, 다이어트에도 좋대요.

2학년 서울매원초등학교 한준우 어린이

089쪽 글쓰기 반짝 | 내 인생의 가장 강렬했던 매운맛!

학교가 끝나고 나는 아빠와 함께 떡볶이집에 들렀다. 이름은 오르막길 떡볶이었다. 그런데 떡볶이가 너무 매운 것이다! 나는 물을 벌컥 벌컥 마셨다. 다음에는 아빠가 먼저 떡볶이 집에 가서 맛을 보고 안 매운 떡볶이집에 가면 좋겠다.

매원초 2학년 매화반 27번 한준우

2학년 주촌초등학교 유시아 어린이

097쪽 **글쓰기 반짝** | 휴머노이드 로봇과 함께하는 2040 미래 일기

2040년 6월 15일 맑음

제목: 귀여운 우리 집 로봇 귀여미

아침에 일어나니 귀여미가 밥을 차려주고 있었다. 오늘 아침은 케이크! 예전 사람들은 빵이나 밥을 먹었다던데, 나는 케이크지!

케이크를 먹고 귀여미가 해주는 세수와 양치를 받았다. 귀여미가 자동차로 변신해서 5분 만에 학교에 도착했다. 귀여미가 있으니 아침부터 저녁까지 든든하다.

4학년 공도초등학교 정유빈 어린이

109쪽 **글쓰기 반짝** | 다누리가 보낸 마지막 편지에 답장을 써 볼까?

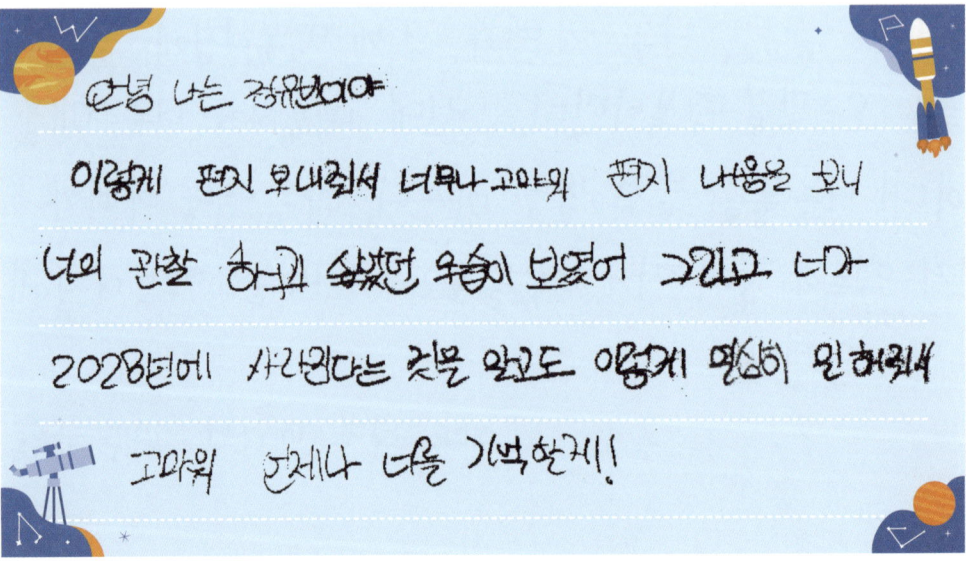

안녕 나는 정유빈이야

이렇게 편지 보내줘서 너무나 고마워 편지 내용을 보니 너의 관찰 하고 싶었던 우승이 보였어 그리고 너가 2028년에 사라진다는 것을 알고도 이렇게 열심히 일해줘서 고마워 언제나 너를 기억할게!

> **4학년 범계초등학교 김지우 어린이**

149쪽 **글쓰기 반짝** | 폐지폐로 어떤 특별한 물건을 만들어 볼까?

✦ 내가 생각한 물건을 그림으로 그려 보세요.

제가 생각해낸 물건은 폐지폐를 이어붙여 만든 생쥐 인형입니다. 이걸 들 때마다 '돈도 인형이된다'라고 생각할것 같아요.

> **5학년 서울양천초등학교 곽지우 어린이**

181쪽 **글쓰기 반짝** | 지구 온난화를 막읍시다!

출처

알립니다.
- 책에 사용된 사진들은 <사진 출처>에 출처 표기를 하였습니다. 혹 부득이 저작권 확인을 받지 못한 사진은 추후 저작권이 확인 되는 대로 적법한 절차에 따라 저작권료를 지불하겠습니다.
- 출처를 적지 않은 사진은 셔터스톡 사진이거나 직접 촬영한 것입니다.
- QR로 제공되는 자료들은 어린이들의 이해를 돕기 위해 제공되었으나, 제공사 정책상의 이유로 내용이 변동, 삭제, 비공개 처리될 수 있습니다.

사진 출처

024쪽	넷플릭스	ⓒ셔터스톡 CeltStudio
044쪽	미키	ⓒ셔터스톡 Ridex Official
048쪽	종량제 봉투	ⓒ종로구청
050쪽	파출소를 찾은 아이	ⓒ경찰청 인스타그램 @polide_kor_dfficial
052쪽	파출소 전경	ⓒ셔터스톡 yllyso
054쪽	플레이브	ⓒX PLAVE OFFICIAL
056쪽	아담	ⓒ나무위키
058쪽	생쥐	ⓒMBN뉴스
068쪽	쇼츠 화면	ⓒ셔터스톡 Yasu31
074쪽	한강 작가	ⓒ뉴시스
076쪽	노벨상 메달	ⓒ셔터스톡 chameleonsEye
080쪽	간식들	ⓒ셔터스톡 Geewon Jung
082쪽	헌번재판소	ⓒ헌법재판소
086쪽	불닭볶음면	ⓒ셔터스톡 Zety Akhzar
090쪽	사이버캡	ⓒ셔터스톡 Tada Images
090쪽	일론 머스크	ⓒ셔터스톡 Frederic Legrand-COMEO
094쪽	SE01	ⓒ엔진AI 유튜브
098쪽	유관순	ⓒ하일광 유튜브
106쪽	다누리1	ⓒ한국항공우주연구원
108쪽	다누리2	ⓒ한국항공우주연구원
109쪽	개기일식	ⓒ한국항공우주연구원
114쪽	트럼프	ⓒ셔터스톡 Maxim Elramsisy
116쪽	빌 클린턴	ⓒ셔터스톡 Mark reinstein
116쪽	버락 오바마	ⓒ셔터스톡 360b
116쪽	조 바이든	ⓒ셔터스톡 Harmony Video Production
124쪽	긴급 의료품	ⓒ외교부
125쪽	우크라이나 키이우 폭격 모습	ⓒ셔터스톡 kibri_ho
126쪽	애기봉 스타벅스	ⓒ네이버 블로그 sumika1207
134쪽	서해 구조물	ⓒ세계신문
134쪽	잠정 조치 수역	ⓒ네이버 블로그 yak-bang
136쪽	서해 갯벌	ⓒ셔터스톡 Stock for you
138쪽	아프리카 아이들	ⓒ셔터스톡 Dietmar Temps
140쪽	템베코끼리 공원	ⓒExplore Africa 유튜브
140쪽	나미브 사막	ⓒNamibiaCam 유튜브
144쪽	민초 떡볶이	ⓒ네이버 블로그 smilecrystale
146쪽	머니클락	ⓒ네이버 블로그 inolvidable_
148쪽	돈	ⓒ핀터레스트

150쪽	로스앤젤레스 홍수	ⓒ셔터스톡 Lando Aviles
152쪽	한제아 어린이	ⓒ한겨레 신문
154쪽	틱톡	ⓒ셔터스톡 Diego Thomazini
158쪽	우체통 변화	ⓒ우정사업본부
160쪽	우체국 지도	ⓒ우정사업본부
166쪽	도시 미세먼지	ⓒ셔터스톡 hanohiki
173쪽	홍수 난 프라하	ⓒ셔터스톡 Mirko kuzmanovic
174쪽	마셜 제도 축구 유니폼	ⓒBETC
176쪽	파나마	ⓒhuman rights watch
176쪽	베네치아	ⓒ셔터스톡 Stefano Mazzola
176쪽	침수 예상 지역	ⓒ그린피스
177쪽	투발루 해수면 상승	ⓒSimon kope MP 페이스북
177쪽	파나마 주민 이주	ⓒ연합뉴스

QR 자료 출처

022쪽	소유보다는 경험, 일상으로 스며드는 구독 시대	ⓒ경북매일
028쪽	퍼스트 펭귄	ⓒ유튜브 @penguinlive558
032쪽	금 시세	ⓒ네이버
054쪽	플레이브-Dash 쇼!음악중심	ⓒ유튜브 @MBCkpop
058쪽	[굿모닝 월드] 운전대 잡은 쥐	ⓒ유튜브 @MBNNEWS
074쪽	노벨 문학상에 소설가 한강 한국 작가 최초 수상 쾌거	ⓒ유튜브 @MBCNEWS
078쪽	내손안	Google Play
094쪽	'사람처럼' 걷는 로봇 눈길…중국 가세에 휴머노이드 경쟁 확산	ⓒ유튜브@MBNNEWS
098쪽	멈춰있는 사진 속 독립운동가에게 AI로 광복을 전해드렸더니 이런 영상이?	ⓒ유튜브 @하일광
102쪽	"입으면 기분 좋아져" 여든 할아버지도 빠졌다… 대륙 휩쓴 '도파민룩'	ⓒ해럴드경제
106쪽	달탐사 다누리	ⓒ한국항공우주연구원
110쪽	춤추며 길 찾는 붉은바다거북…비결은 지구 자기장	ⓒ유튜브 @YTN 사이언스 투데이
126쪽	불과 1.4km? 이렇게 가깝다니… 북한 마을 맨 눈으로 볼 수 있는 스타벅스	ⓒ유튜브 @14F 일사에프
140쪽	Africam Tembe Elephant Park powered by EXPLORE.org	ⓒ유튜브 @Explore Africa
140쪽	Namibia: Live stream in the Namib Desert	ⓒ유튜브 @NamibiaCam
148쪽	당신이 몰랐던 지폐 속 숨은 예술 작품들	ⓒ유튜브 @널 위한 문화예술
154쪽	당신이 넷슐릭스, 유튜브 같은 영상 볼 때미디 환경이 오염되는 이유	ⓒ유튜브 @스브스뉴스
158쪽	택배 시대, 40년 만에 우체통 변신…ECO 칸에 넣을 수 있는 것은?	ⓒ유튜브 @채널아하
160쪽	산타할아버지에게 직접 당장을 받는 방법	ⓒ네이버 블로그 kikinoel
161쪽	우체국 위치 찾기	ⓒ우정사업본부
166쪽	세계 인구 99% 더러운 공기 마시고 산다	ⓒ유튜브 @YTN
168쪽	에어코리아 실시간 대기 정보	ⓒ에어코리아
170쪽	7년간 막혔던 체코 댐 건설, 야생 비버들이 한 번에 해결	ⓒ유튜브 @KBS News
172쪽	브라질 흰개미들 영국만한 크기의 거대한 언덕 만들어	ⓒ유튜브 @TomoNews Korea
176쪽	부산이 물에 잠긴다? 해수면 상승이 불러올 침수 시나리오&인류멸망의 마지노선 '2℃'	ⓒ유튜브 @tvN Joy
177쪽	투발루 장관의 바닷물 속 '절박' 연설… "우리는 가라앉고 있다"	ⓒ유튜브 @KBS News
177쪽	파나마, 해수면 상승으로 섬 주민 이주	ⓒKBS NEWS

초판 1쇄 발행 2025년 9월 25일
　2쇄 발행 2025년 10월 17일

지은이 나나샘(김노엘) | **그린이** 무르무르
펴낸이 정규도 | **펴낸곳** (주) 다락원

편집장 최운선
편집 김지혜
디자인 스튜디오 수박

다락원
주소 경기도 파주시 문발로 211
내용문의 (02)736-2031 내선 272
구입문의 (02)736-2031 내선 250~252
Fax (02)732-2037
출판등록 1977년 9월 16일 제406-2008-000007호

Copyright ©2025, 김노엘(나나샘)

※ 저자 및 출판사의 허락 없이 이 책의 일부 또는 전부를 무단 복제·전재·발췌할 수 없습니다.
※ 구입 후 철회는 회사 내규에 부합하는 경우에 가능하므로 구입 문의처에 문의하시기 바랍니다.
※ 분실·파손 등에 따른 소비자 피해에 대해서는 공정거래위원회에서 고시한 소비자 분쟁 해결 기준에 따라 보상 가능합니다.
※ 잘못된 책은 바꿔 드립니다.

ISBN 978-89-277-4824-3　73700

http://www.darakwon.co.kr
다락원 홈페이지를 통해 인터넷 주문을 하시면 자세한 정보와 함께 다양한 혜택을 받으실 수 있습니다.

똑똑! 초등신문 스티커

읽고 싶은 신문을 읽고 12쪽의 **'똑똑! 초등신문 완독표'**에 스티커를 붙여 보세요.

◆ 경제

◆ 사회

◆ 과학

◆ 세계

◆ 환경

  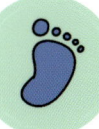